hessel-mack
erzbergerstr. 14
7500 karlsruhe 1
tel. 0721/754342

Aug. 77

Hans-Joachim Lechler

Lust und Unlust im Englischunterricht

Methodische Beispiele

 Ernst Klett Stuttgart

1. Auflage.   1 ⁵ ⁴ ³ ² | 1978 77 76 75
Die letzte Zahl bezeichnet das Jahr dieses Druckes.
© Ernst Klett Verlag, Stuttgart 1972. Alle Rechte vorbehalten.
Druck: Eckstein + Stähle, 7 Stuttgart, Augustenstr. 70. Printed in Germany.
ISBN 3–12–925380–7

Inhalt

Vorwort 5

Bild und Grammatik
Einführung und Einübung der grammatischen Grundelemente im Englischunterricht mit Hilfe von Wandbildern 7

Die englischen Tempora
Ihre Einführung in verschiedenen Unterrichtswerken 28

Mess, Muddle and Confusion
Erzählstrukturen in englischen Anfangslektionen 41

Vom Substitution Table zur Composition
Wege zum sicheren Schreiben im Englischen 49

Die Unlust im Englischunterricht der Mittelstufe 59

To simplify or not to simplify?
Kriterien und Verfahren für die Erstellung von simplified texts 70

The £ 120.000 Raid oder die Bilder des Lord Rockley
Vergleich zweier englischer Zeitungsberichte 87

A Poor Thing that Shakes the Air
BBC-Sendungen im Englischunterricht der Oberstufe 98

Now we're talking your language
Eine Untersuchung von Werbeanzeigen mit Unterprimanern 115

Die erlebte Rede in moderner englischer Prosa
Beschreibung des Phänomens – Methodische Folgerungen 138

Dylan Thomas: Fern Hill
Eine Gedichtinterpretation mit einer Prima 153

Harold Pinters Sketch: Last to Go
Untersuchungen zur Dialogführung 174

Vorwort

Ob im Klassenzimmer oder im Hörsaal – die Frage nach Sinn und Aufgabe unseres Unterrichts beschäftigt uns mehr denn je. Über viele traditionelle Zielsetzungen unserer Arbeit herrscht heute berechtigter Zweifel. Neue Lehr- und Lernziele treten stürmisch ins pädagogische Blickfeld, vertreten ihr Lebensrecht und verbreiten Unsicherheit.

Es ist nicht Absicht dieses Buches, allgemeine Lösungen dieser didaktischen und curricularen Probleme zu versuchen. Wir halten es für sinnvoller, an einer Anzahl methodisch ausgearbeiteter Beispiele Möglichkeiten einer Neubestimmung unseres unterrichtlichen Umgangs mit der Fremdsprache aufzuweisen.

Der Fächer der Themen und Gegenstände ist breit. Er reicht von der Elementar- bis zur Kollegstufe: von der methodischen Ausfaltung grammatischer und lexikalischer Phänomene bis zur Interpretation und Stiluntersuchung, von der Behandlung sprachlich vereinfachter Texte bis zur Analyse zeitgenössischer Lyrik und Dramatik, von den klassischen zu den modernen Medien.

Der Weg vom Einfall bis hin zu seiner unterrichtlichen Ausmünzung wird dabei jeweils in systematischen methodischen Schritten nachgezeichnet. Die Gefahr, die dargestellten Verfahren zu Unterrichtsrezepten zu verfälschen, könnte für den bestehen, der Unterrichten als Imitieren von Vorlagen begreift. Den wachsamen Kollegen aber, die sich dieser Gefahr bewußt sind, glauben wir mit unseren Berichten aus dem Klassenzimmer mehr zu geben, als wir es mit allgemeinen Ausführungen und Anleitungen hätten tun können. Zu Recht sagt F. L. Billows: „*I believe that we can only perceive generality, or abstractions such as rules for teaching or behaviour in the classroom, in terms of numerous particulars.*"[1]

To perceive generality in terms of numerous particulars – darum müssen wir den Leser bitten: unser Beitrag zur Neubesinnung auf die Arbeit im Fremdsprachenunterricht zeigt sich in konkreten Beispielen, jedem greifbar, einigen vielleicht auch Anreiz zu neuen eigenen Versuchen.

---

1 *Billows, F. L.:* The Techniques of Language Teaching. London: Longmans 1962. S. X.

Bild und Grammatik

Einführung und Einübung der grammatischen Grundelemente
im Englischunterricht mit Hilfe von Wandbildern

Hat man nach ungefähr fünf Wochen Anfangsunterricht die unmittelbare Umgebung, das Klassenzimmer, mit den Schülern sprachlich erarbeitet (den Kindern sind die Namen der Gegenstände des Zimmers bekannt: *This is a... and that is a...*, und sie vermögen auf Anweisung in der Fremdsprache hin einfache Handlungen vorzunehmen und zu beschreiben: *Open the window. – He is opening the window)*, so empfindet man den Übergang von diesem sinnfälligen Verfahren des Zeigens und Benennens zur Arbeit an den Lektionstexten fast wie einen Bruch. Sache und Sprache verbinden sich nun immer seltener in unmittelbarer Anschauung miteinander; Lehr- und Lernprozeß werden mehr und mehr abstrakt. Diese zunehmende Abstraktion entspringt natürlich keiner Absicht, sie ist nicht Methode; vielmehr ergibt sie sich ganz einfach aus einem Mangel an Umwelt: Schulstuben haben allemal vier Wände.

Manche Kollegen behelfen sich in dieser Lage mit dem „Musterkoffer", in dem sie die verschiedensten Gegenstände – Teller und Tassen, Tennisringe und Bälle, Stofftiere und Puppen usw. – in die Stunde mitbringen. Lächeln wir nicht darüber; viel würde der Lehrer dafür geben, könnte er, einem Prospero gleich, die Welt nach Belieben vor den Augen seiner Schüler erscheinen lassen. Denn nur zu gut weiß er, daß seiner „Musterkollektion" ein empfindlicher Mangel anhaftet: die mitgebrachten Dinge stehen vor dem Hintergrund des Klassenzimmers alle isoliert da, es fehlt ihnen der natürliche *context of situation*. Zu einem Wasserball gehören nun einmal Strand, Sandburg, Möwen und Schiffe und nicht Tafel, Pult und Staublappen. Kann uns auf späteren Stufen unseres Unterrichts der Film gute Dienste leisten, so kommt dieses Medium bei Anfängern kaum in Betracht, ziehen hier die akustischen und optischen Eindrücke doch meist viel zu rasch an den Kindern vorbei.

Ein anderes Mittel, das geduldiger ist als der Film und uns doch einen Blick hinaus in die Welt außerhalb des Schulzimmers tun läßt, sind die *wall pictures*, wie sie verschiedene englische und deutsche Verlage anbieten.¹ Bei unseren Versuchen, die grammatischen Grundelemente mit Hilfe solcher Wandbilder im Unterricht einzuführen, benutzten wir die Bilder des Longmans-Verlags.

Es handelt sich bei den „*General Service English Wall Pictures*" um acht mehrfarbige Einzelbilder im Format 75 x 100 cm. Auf den Bildern sind Szenen aus dem englischen Alltagsleben dargestellt: 1. *The Seaside*, 2. *A Farmyard in Autumn*, 3. *A Village in Spring*, 4. *A Home*, 5. *A Street Scene*, 6. *An Industrial Scene*, 7. *An Office*, 8. *A Railway Station* – ein breites Angebot, wie man sieht. Künstlerische Ansprüche darf man an die preiswerten Bilder nicht stellen; es geht hier allein um die sachliche Wiedergabe von Gegenständen, Personen und Handlungen in einem natürlichen Zusammenhang. Die Bilder sind aufgerollt (oder auf Pappe aufgezogen) leicht von Klassenzimmer zu Klassenzimmer zu transportieren. Wer rasch eine Vorstellung von diesen *wall pictures* gewinnen möchte, der besorge sich am besten das dazugehörige „*Pupils' Workbook*", das die Bilder in verkleinertem Format wiedergibt.

Und nun zu unserer praktischen Arbeit mit den Bildern in der Klasse.

Wo hängt man ein Bild auf?

Die Frage scheint fast zu simpel. Nun, dort natürlich, wo die Schüler es sehen können. Ja, das ist *eine* Möglichkeit, aber es gibt noch andere. Führen wir sie kurz auf:
1. Wir hängen oder stellen das Bild a) vor der ganzen Klasse, b) vor einem Teil der Klasse auf.
2. Wir drehen das Bild zur Wand, und zwar a) bevor die Klasse es gesehen hat, b) nachdem es die Klasse gesehen hat.

---

1 General Service English Wall Pictures. London: Longmans. (Acht mehrfarbige Einzelbilder, 75 x 100 cm; dazu ein *Teacher's Handbook* und ein *Pupils' Workbook*.)
Wallcharts. London: Penguin Education. (Zehn mehrfarbige Bilder, 75 x 100 cm.)
Wandbilder zu: Learning English, A 1, Serie A und Serie B. Stuttgart: Klett. (Jeweils sechs zweifarbige Bilder auf drei Tafeln, 90 x 80 cm; bei der Serie A handelt es sich um Vergrößerungen von sechs Bildern des Lehrbuchs.)
Wandbilder zu: Britain and America, A 1. Bielefeld: Velhagen und Klasing. (Vier Bilder auf zwei Tafeln, 119 x 86 cm.)
Wandbilder zu: The Good Companion, Bd. 1. Frankfurt a. M.: Diesterweg. (Sechs Bilder auf drei Tafeln.)

3. Wir nehmen ein der Klasse bekanntes Bild nicht mit in die Stunde und erinnern uns gemeinsam an das auf dem Bild Dargestellte.

Es leuchtet ein, daß, je nachdem wo und wie das Bild hängt, sich ganz verschiedene sprachliche Konsequenzen für die mündliche oder schriftliche Auswertung im Unterricht ergeben[2]. Von Konsequenz für die sprachliche Arbeit wird es außerdem noch sein, ob wir

1. ein bildzugewandtes Gespräch führen: hier ist der Bildinhalt Gesprächsinhalt;

oder ob wir

2. ein bildabgewandtes Gespräch führen: hier ist der Bildinhalt nur „Aufhänger" für ein Gespräch, das sich rasch vom Bild löst.

Aus der Kombination der zwei Grundmöglichkeiten, ein Bild aufzuhängen (unverdeckt oder verdeckt), und den zwei Grundmöglichkeiten, über ein Bild zu sprechen (bildzugewandt oder bildabgewandt), werden sich alle methodischen Verfahrensweisen für unser Vorhaben ergeben.

Die Einführung von Wörtern

Die Einführung der englischen Wörter für die auf den Bildern dargestellten Dinge und Personen bereitet keine Schwierigkeit. Der besondere Vorzug der Bilder ist es, daß sich die Dinge in einem wirklichkeitsgemäßen Zusammenhang darstellen, die Schüler somit auch die Wörter in wirklichkeitsgemäßen Sachgruppen lernen. Zu Anfang wird man die Dinge noch im deiktischen Verfahren erarbeiten *(This is a... and that is a...)*. Bald sollte man jedoch versuchen, von diesem *This-that*-Stil bei der Einführung abzukommen und zu einer natürlicheren Vorstellung neuer Vokabeln zu gelangen. Zwei Beispiele:

Sagen wir anfangs, wenn das Wort *clock* einzuführen ist: *Look, this is a clock* und deuten auf die Uhr im Bild, so werden wir etwas fortgeschrittenen Schülern das neue Wort nicht mehr so schulmeisterlich isolieren, sondern etwa so beginnen:

Lehrer: What time is it? (Schüler sehen auf ihre Armbanduhren)
Schüler: It's a quarter past three.
Lehrer: (sieht auf seine Uhr) Well, by my watch it's 20 past. Tell me, what time is it by that clock. (Deutet von ferne auf das Bild.)

---

[2] Es empfiehlt sich auf keinen Fall, die Bilder über einen längeren Zeitraum im Klassenzimmer zu lassen, da ihr optischer Reiz sonst zu rasch erlischt.

Die Schüler müssen blitzschnell reagieren: Wo ist die Stelle in dem Bild, an der sich die Zeit ablesen läßt? Ah, da hinten, die Kirche hat eine Uhr.

L. Well, what time is it by the clock in the picture?
S. It's 25 past three by that clock.

Wir tun also von Anfang an so, als sei das Wort schon bekannt. Die Schüler üben sich hierbei in dem so wichtigen Verfahren des Erschließens von Bedeutungen. Das hält sie in Trab, denn wer hier nicht aufpaßt, der hat verspielt.

Das zweite Beispiel:
In dem Bild *A Street Scene* sind mehrere Personenwagen zu sehen, ein Taxi, ein Bus, ein Lastwagen und ein Kabinenroller *(bubble-car,* wegen der blasenartigen Scheiben); aber nur bei einem Fahrzeug, dem *bubble-car,* ist das Nummernschild lesbar. Diese Tatsache machen wir uns bei der Einführung des Wortes *bubble-car* zunutze.

L. Can you read the number on the bubble-car? Yes? What is it?
S. It's AD 1066.
L. That's right; the number plate says AD 1066.

(Der Zeichner hat sich hier einen kleinen Scherz erlaubt.) Mit dieser Antwort ist das Fahrzeug, das als *bubble-car* angesprochen wurde, für die Klasse identifiziert. Um ganz sicher zu gehen, fragen wir noch:

L. And how many people are sitting in the bubble-car?
S. Two.

Von allen Fahrzeugen im Bild ist der Kabinenroller das einzige, in dem zwei Personen sitzen. Die Antwort hat gezeigt, daß Wort und Sache richtig verbunden wurden. Wir können nun weiterfragen:

L. What does the number plate of the taxi say?

Wir hatten das neue Wort *number plate* gerade bei unserer Bestätigung der Schülerantwort eingeschmuggelt. (L. *That's right; the number plate says AD 1066.)* Haben es die Schüler aufgenommen?

S. The taxi hasn't got a number plate.
L. Oh, sorry, no, it hasn't got one at the front. It must have it at the back then.

Nur soviel zu den Wörtern. Wie man sieht, ist das herkömmliche *This-that-*Verfahren der Abwandlung fähig.

Die Einführung und Einübung von Grammatik

Gerade bei der Einführung und Einübung neuer Grammatik macht sich das Unanschauliche, Unlebendige des Lehrbuchunterrichts oft besonders bemerkbar. Alles sitzt da, den Kopf in den Text gebeugt, ein Schüler gackst sich durch Satz 3. Jetzt kommen die gefürchteten drei Punkte *dot, dot, dot (can? could? may? might?)*, der Schüler hält inne, etwas ist ihm im Hals steckengeblieben, gerade jetzt. „Nun, wie muß es heißen?" fragt die Stimme von vorn. Ja, wie denn gleich? *„Could"*, ein Vorschlag von rechts, bleibt vorn ohne Würdigung; *„may"*, von links, bleibt ebenfalls ohne Würdigung; und nachdem so die Chancen von 25 % auf 50 % gestiegen sind *(can* oder *might* muß es jetzt wohl sein), da tut der Schüler den Sprung, tollkühn, sagt *„might"* (man kennt das noch nicht so genau, sicher etwas, was gerade dran ist), sagt also *„might"*, wartet, eine halbe, eine ganze Sekunde lang – wie, kein Donnerwetter? Oh, Freude, Friede, aber dann: „So lies doch den Satz auch vollends zu Ende." Hurra! „...*might have done with a little help from his good horse Jock.*" Ha! das wär's. Dreißig Bleistifte huschen über die Zahnlücke im Satz (wegen der Hausaufgaben: man weiß doch, was auf einen zukommt), und weiter. Satz 4.

Wir übertreiben? Etwas, vielleicht. Textübungen müssen sein, sicherlich, und wir wollen auch grundsätzlich nichts gegen sie einwenden. Die Gefahr jedoch, daß die ganze Klasse wie hypnotisiert ins Weiße der Textlücken starrt und das Entscheidende, den Kontext, kaum aufnimmt, diese Gefahr besteht. Übt man hingegen das neue Grammatikpensum an einem Bild ein, so können die Schüler nicht umhin, sich mit dem Kontext, dem *context of situation*, zu befassen. Unsere Aufgabe ist es dann, ihnen den Äußerungsimpuls zu geben, der sie zum Gebrauch ganz bestimmter grammatischer Strukturen anhält. Die inhaltliche Ausfüllung der Strukturen dürfen wir den Schülern selbst überlassen. Sie wird bei jedem Schüler anders ausfallen, je nachdem, was der einzelne sieht und aufnimmt, aber gerade das macht die Handhabung der Sprache hier so natürlich, gerade das ist es, meiner Erfahrung nach, was den Schülern bei diesem Verfahren Freude bereitet.

Um unsere Beispiele für solche grammatischen Bildübungen etwas geordnet vorzustellen, wollen wir in groben Zügen der Ausfächerung des grammatischen Pensums im Beiheft zu *„Learning English, A 1"* folgen[3]. Wir werden nicht den Versuch machen, jeden einzelnen Paragraphen hier abzuhandeln – das Unternehmen müßte rasch ausufern. Vielmehr wollen wir uns

---

3 Learning English, A 1, Grammatisches Beiheft. Stuttgart: Klett.

auf 15 wichtige grammatische Erscheinungen der ersten zwei Lernjahre beschränken. Der Grundgedanke dürfte daran deutlich werden.

Da wir aus urheberrechtlichen Gründen die Longmans-Bilder leider nicht reproduzieren können, sollen vorab drei davon beschrieben werden; auf sie werden wir uns dann bei unseren sprachlichen Ausführungen ständig wieder beziehen.

Bild 1: *A Street Scene*

Eine Geschäftsstraße in einer englischen Stadt; Kirche im Hintergrund; links vorn ein Bobby im Gespräch mit einer Passantin; eine Mutter und ihre kleine Tochter wollen eben die Straße überqueren. Auf der Straße ein Radfahrer (Arbeiter) und eine junge Radlerin, ferner Autos, *doubledecker-bus,* Taxi, Kabinenroller; *keep-left*-Schild, Verkehrsampeln. Rechts, in Bildmitte, ein Kino; Reklameplakate an den Häuserwänden; mehrere Passanten, ein Zeitungsverkäufer.

Bild 2: *A Home*

Abendbrot *(tea time):* im Vordergrund deckt Mutter den Tisch; Schinken, Tee und Kuchen sind zu sehen. Dem Eßtisch gegenüber ein *sideboard,* darauf ein Radio. Vom Speisezimmer blickt man nach hinten ins Wohnzimmer; dort näht die Großmutter auf einer Nähmaschine. Die Enkelin sitzt auf dem Sofa neben dem Kamin und kämmt ihre Puppe. Rechts vom Kamin ein Fernsehgerät, Lehnstühle; an der Wand das Bild eines Fisches; Bücherborde, eine Stehlampe, Teppich.

An der Tür, die vom Speisezimmer ins Schlafzimmer und dann weiter ins Bad führt, kniet Vater und repariert das Türschloß; zwei kleine Jungen schauen ihm zu. Spiegel, Waschbecken und Badewanne sind im Hintergrund noch zu erkennen.

Bild 3: *The Seaside*

Strandpromenade in einem südenglischen Ort; zwei Hotels, dazwischen ein geparktes Auto; Gäste unter Markisen und Sonnenschirmen im Freien. Im Vordergrund bringt ein Kellner Eis an einen Tisch, an dem zwei jüngere Damen in Strandkleidung sitzen. Kinder, junge Mädchen, Hunde auf der Promenade vor den Hotels; einige Leute in Liegestühlen. Stufen führen zum Sandstrand hinab. Dort bauen Kinder eine Sandburg; zwei Segelboote liegen an Land gezogen da, von einem Ruderboot aus springt ein Kind ins Wasser. Auf der Mole einige Angler, Möwen. Im Hintergrund, nahe der Steilküste, ein Segelboot vor dem Wind; am Himmel ein Flugzeug. Oben, auf den Klippen, zwei Zelte an einem Lagerfeuer.

Beispiele zur Einführung und Einübung grammatischer Grundelemente mit Hilfe von Wandbildern:

1. Prepositions (Step 3 and 5)

Die vielseitige Verwendbarkeit der Bilder zur Einführung und Einübung von Präpositionen leuchtet unmittelbar ein. Die Wahl des Bildes richtet sich nach dem Wortschatz, den unsere Klasse schon beherrscht.

Bild 2: *A Home* [4]

L. Where is the radio? (on the sideboard)
   Where is the TV set? (next to the fire-place)
   Where is the couch? (in the corner)

Dies ist die einfachste Form. Man kann die Sache aber auch noch etwas interessanter gestalten, indem man an das Erinnerungsvermögen der Schüler appelliert:

L. Look at all the things in (!) our picture and try to remember where they all are.

Nach einer Minute dreht man das Bild um:

L. Now tell me where all the things are.
S. The cake is on the table.
   The teapot is behind the cake.
   The books are in the living-room.

Der Lehrer kann bei diesem Verfahren auch versuchen, die Klasse aufs Glatteis zu führen:

L. Are the books in the dining-room?
S. No, they aren't.
L. Is the TV set next to the fire-place?
S. Yes, it is.

Später fragen die Schüler sich gegenseitig. Fragebildung (§ 10) und Kurzantworten werden hier gleich mitgeübt. Die Bankreihe mit den meisten richtigen Antworten hat gewonnen *(You are the best detectives!).*
   Hier, wie bei allen folgenden Beispielen, forciere man bei zunehmender sprachlicher Sicherheit der Schüler ganz bewußt das Tempo der Fragen und

---

4 Wenn nicht anders vermerkt, gehen wir im folgenden immer davon aus, daß die ganze Klasse das Bild sieht. Die Angabe eines bestimmten Bildes ist stets nur als Vorschlag zu verstehen. In vielen Fällen würde ein anderes Bild der Reihe denselben Dienst tun.

Antworten. Wo immer möglich, lasse man die kontrahierten Formen benützen *(aren't; isn't)*; nichtkontrahierte Formen wirken für englische Ohren fast aggressiv.

2. s-Genitive (Step 3; § 7)

Bild 1: *A Street Scene*

L. Let's talk about the people in our picture.
   The policeman's uniform is dark blue.
S. The woman's dress is green.
   The little girl's coat is yellow.

Der Schritt zum *of-Genitive* ist von hier aus leicht:

L. Now let's talk about the things in our picture.
   The roof of the church is red.
S. The number plate of the bubble-car is black.
   The windows of the bubble-car are dirty.

Auch hier kann man das Bild wieder zur Wand drehen und fragen:

L./S. Are the tyres of the taxi white?
   Is the girl's hair long?

3. Present Continuous (Step 4; § 12)

Welches Tempus benützt man, um Handlungen auf Bildern zu beschreiben? A. S. Hornby sagt dazu:

„Magazines use the Simple Present Tense in captions [Bildunterschriften] to get actuality. If you use such pictures for oral work in the classroom, you should use the Present Continuous Tense. This tense is always suitable when questions are being asked about activities shown in a single illustration or photograph." [5]

Man benützt also das *Present Continuous*. Interessant ist jedoch die Einschränkung, daß dies nur für das Einzelbild *(single illustration or photograph)* gilt. Bilder einer Bildgeschichte *(comic strips)* werden nämlich im *Simple Present Tense* kommentiert („Schlag-auf-Schlag-Tempus" – *First he goes ...then he lifts...*).

---

[5] Dies die Antwort Hornbys auf eine Leserzuschrift in: English Language Teaching. Vol. VIII. Spring 1954. No. 3. S. 102. London: Oxford University Press.

Alle drei der beschriebenen Bilder sind handlungsreich. Nehmen wir diesmal

Bild 3: *The Seaside*

L. What is he/she/it doing?
 Are they ... ing or are they ... ing?
 The ... is/are ... ing, isn't he/aren't they?
(building a sandcastle; drinking tea; reading a book; swimming in the water; sitting in a deck-chair; fishing; smoking cigarettes; bringing an ice-cream)

Die Vielfalt der abgebildeten Handlungen ermöglicht es uns, eine große Zahl von Verben einzuführen. Außerdem bietet die Behandlung des *Present Continuous* an Hand von Bildern noch einen unschätzbaren Vorteil. Handlungen, die die Schüler im Klassenzimmer ausführen, sind häufig schon zu Ende, bevor wir sie noch mündlich kommentieren können; sie in der kurzen Zeit schriftlich festzuhalten, wäre vollends unmöglich. Was aber ist zum Verständnis dieses schwierigen Tempus gelernt, wenn ein Schüler das Fenster geöffnet hat und die Klasse *post festum* schreibt *He is opening the window?*

Hier hilft uns das Bild; es läßt uns die Zeit, die wir brauchen. Unter der Überschrift „*Our Picture No. 3: The Seaside*" schreiben wir jetzt funktions- und situationsgerecht:

The boys are building a sandcastle.
The little girl is paddling in the water.
The waiter is bringing some ice-cream.

4. Pronouns (Step 4; § 3, 8 und 19)

Bei Klassen, in denen nur Jungen oder nur Mädchen sind, hat man mit der Einführung von Personal- und Possessivpronomen Schwierigkeiten. Durch das Fehlen des anderen Geschlechts kommen entweder die männlichen oder die weiblichen Pronomen zu kurz.

Bild 1: *A Street Scene*

Männliche Pronomen
L. Let's see what we can say
 about the policeman.
L./S. He is tall. He has a dark blue uniform.
 He hasn't got a revolver.
 His shirt is white. His shoes are black.
 A woman is talking to him.
 The woman is looking at him.

Weibliche Pronomen
L. Look at the little girl.
 How old is she?
L./S. She is five years old.
 How old is her mother?
 She is ...
 Is her jacket blue?
 Can you see her shoes?
 Are they brown?

5. There is / are ... (Step 6)

Mit dieser Formel *(There is/are ...)* kann man Aufzählungen einleiten. Die große Zahl verschiedener Dinge und Personen auf einem Bild macht das Einschleifen dieser ungewohnten Struktur leicht.

Bild 1: *A Street Scene*

L. Let's see what there is in this picture.
L./S. There is a double-decker bus in this picture.
    There is a taxi.
    There are two people on bikes.

Oder man behandelt das Bild wie ein Suchbild:

L. Is there a plane in the picture?
   Are there birds in the picture?

Hat die Klasse das mitgebrachte Bild noch nicht gesehen, so stellt man es mit dem Rücken zu den Schülern und sagt:

L. You ask me what there is in this picture.
S. Is there a cake in the picture?
   Are there children in the picture?
   Is there a sailing boat?

Die Klasse kreist langsam die dargestellte Szene ein. Der Lehrer (oder ein Schüler) gibt Antwort *(Yes, there is. No, there aren't.)* Das Erraten-Müssen macht das Fragen besonders natürlich.

Es ist zu diesem Zeitpunkt schon möglich, Sätze im *Present Continuous* mit der *There-is*-Formel zu verbinden.

S. There is a little girl in the picture.
L. Yes, and what is she doing?
S. She is paddling in the water.
L. Yes, there is a little girl paddling in the water.
S. There is a man reading a paper.
   There are boys building a sandcastle.

Es ist erstaunlich, wie leicht den Schülern diese Transformation fällt.

6. Simple Present Tense (§ 14)

Handlungen und Vorgänge auf Einzelbildern sollten nicht im *Simple Present Tense* beschrieben werden; anders steht es mit Bildfolgen *(comic strips;* vgl. S. 14). Und Handlungen, die die Schüler ausführen? Hornby meint dazu:

„The Simple Present Tense should never be used in classroom teaching for the demonstration of activities."[6]

Welcher Weg bleibt uns dann noch, das *Simple Present Tense* einzuführen? Wir werden im allgemeinen den Schülern das *Simple Present* zur Beschreibung von *habitual actions* anbieten, etwa so:

L. Let me tell you what I do every day (every Sunday etc.)
    I get up at six.
    I wash, I brush and comb my hair.
    I clean my teeth. I put on my clothes.
    I have my breakfast at seven.
    Then I go to school.
    This is what I do every day.

In Anlehnung daran schildert jeder Schüler seinen Tagesablauf. Um die wichtige 3. Person Sg. üben zu können, sagen wir dann:

L. Thank you, Peter. Now, Walter, tell us again when Peter gets up every day.
    Remember:
    He gets up at 7.
    He washes. He cleans his teeth, he... (Der Schüler hat die Sache erfaßt und fährt fort.)

Wenn wir das *Simple Present* auf diese (oder eine ähnliche) Weise eingeführt haben, dann ist es möglich, an Hand der Bilder einen Kontrast-Drill mit der Klasse durchzuführen. Dabei werden wir die auf den Bildern dargestellten Handlungen, die wir ja im *Present Continuous* beschreiben, gegen *habitual actions* sprachlich absetzen. Das Bild dient uns jetzt als *conversational peg*, d. h. als Aufhänger für eine Unterhaltung, deren Sinn es ist, die verschiedenen Funktionen der beiden Tempora in der Gegenüberstellung herauszuarbeiten.

Bild 3: *The Seaside*

L. What are these women doing?
S. They are drinking coffee.
L. Tell me when you drink coffee.
S. I drink coffee every Sunday.
L. Tell me when he drinks coffee?
S. He drinks coffee every Sunday.
L. Can you tell me where you go in town when you want a cup of coffee?
S. I go to a café.

---

6 Hornby, A. S.: A Guide to Patterns and Usage in English. London: Oxford University Press 1960. § 42b. S. 88.

L. What's this man doing?
S. He's reading a newspaper.
L. Tell me when you read the newspaper.
S. I read the newspaper in the afternoon.
L. And your father?
S. He reads it in the evening.

Da zu diesem Zeitpunkt die *do*-Frage noch nicht eingeführt ist, müssen wir uns mit indirekten Fragen behelfen *(Tell me when...)*. Später (in Lektion 5/6), wenn die *do*-Umschreibung behandelt ist, wird das Ganze noch farbiger:

L. The little girl is paddling in the water. Do you paddle in the water sometimes?
S. I paddle in the water when it's hot.
L. Where do you paddle in the water?
S. (I paddle in the water) in our swimming-pool.
L. Do you often go to the swimming-pool? etc.

Oder:

L. The big girl is using a spade. When do we use a spade?
S. We use it when we want to dig a hole.
L. Where do we use a spade?
   Do you often use a spade? etc.
   What else are the boys in the picture using?

Hinwendung zum Bild und Abwendung davon in rascher Folge – das kennzeichnet den inhaltlichen Ablauf des Gesprächs hier. Es bedingt ein ständiges Umschalten von einem Tempus zum andern, von einer Zeitvorstellung in die andere und verlangt hohe Konzentration – manche Oberklasse streicht hier die Segel.

7. Auxiliaries (§ 20–25; Lektion 5)

Bild 3: *The Seaside*

L. Let's talk about the things you can (may) do at the seaside.
S. You can swim in the sea.
   You can buy ice-cream there.
   You can lie in the sun.
   You can sail there.

Bild 1: *A Street Scene*

L. This is an English street. Tell me what you must do in this street.
S. You must drive on the left side.

You must first look right and then left when you cross it.
You must watch out for the traffic lights.
L. And what is it you mustn't [mʌsnt] do?
S. You mustn't cross the street when the traffic lights are red.
You mustn't drive on the right side.
You mustn't drive fast.
You mustn't sound your horn at night.[7]
L. Must you always walk on the left side of the pavement?
S. No, you needn't.
You can (may) walk on the right side, too.
L. Must children always sit on the lower deck on a double-decker bus?
S. No, they needn't.
They can sit on the upper deck, too.
L. Must you put your car lights on at night?
S. Yes, you must.

Auch hier dient uns das Bild als Aufhänger für unser Gespräch. Neben einem Gesprächsanlaß gewinnen wir aber durch das Bild auch ein wenig englische Atmosphäre. So bescheiden die Wirkung sein mag, die davon ausgeht, in der nüchternen Schulstube sind wir, glaube ich, für jedes bißchen *local colour* dankbar.

8. Comparison of Adjectives (§ 37–40; Lektion 10)

Es können die verschiedenen Personen und Dinge eines Bildes verglichen werden; außerdem geben die Bilder Anlaß zum Vergleich englischer und deutscher Verhältnisse.

Bild 1: *A Street Scene;* Bild 3: *The Seaside*
L./S. English buses are bigger than German buses.
English policemen are taller than German policemen.
Sea water is colder than the water in our swimming-pool.
The sun is not so hot there as it is here.
It's windier there than here.
My dog is as black as the girl's dog.
The lorry is slow, the bubble-car is faster and the taxi is the fastest of the three.
A ride on a bike is nice, but a ride in a taxi is more exciting; a ride on the upper deck of a bus is certainly most exciting.
Which car is the biggest? the smallest?

---

[7] Vgl. dazu: The Highway Code. Zu beziehen durch: Her Majesty's Stationary Office, London.

Nebenbei: der Versuch, mit dem Positiv, Komparativ und Superlativ desselben Adjektivs drei Dinge zu vergleichen, widerspricht fast immer dem Sprachgebrauch. Man hat selten Gelegenheit zu sagen:

X is big, Y is bigger and Z is the biggest.

Beispiel: Nehmen wir Kabinenroller, Taxi und Bus; ihre relative Größe soll angegeben werden. Im natürlichen Sprachgebrauch sagt man entweder

The bus is big, the taxi is smaller and the bubble-car is the smallest of the three.

oder

The bubble-car is small, the taxi is bigger and the bus is the biggest of the three.

Man würde aber nie sagen:

The bubble-car is big, the taxi is bigger and the bus is the biggest of the three.

oder gar:

The bus is small, the taxi is smaller and the bubble-car is the smallest of the three.

Mit anderen Worten: was die Grammatik logisch nebeneinander stellt *(big – bigger – biggest; small – smaller – smallest)* steht im natürlichen Sprachgebrauch kaum jemals beieinander. Funktional gehören vielmehr zusammen:

small – bigger – biggest
big – smaller – smallest.

Solche Dinge bemerkt man erst, wenn man sie mit einer Klasse zu üben hat.

9. Past Tense (§ 41–43; Lektion 11)

Es gibt zwei Möglichkeiten, das *Past Tense* mit Hilfe von Bildern einzuüben:

a) Ein Bild, das die Klasse gut kennt, wird nicht in die Stunde mitgebracht:

L. Remember our picture about the seaside?
   What were the children doing?
   Was the fat man reading a book or a paper?
   Did all the boats have sails?

b) Man geht zeitlich hinter das dargestellte Geschehen zurück (das Bild hängt vor der Klasse):

L. What did this street look like eight hours ago (50 years ago)?
S. There were no cars in the street then.
   There was only a policeman in the street.

The street lights were on.
You couldn't hear any noises from cars then.

Man greift eine Person aus dem Bild heraus und erfindet eine „Vergangenheit" für sie:

L. This woman here – what do you think she did before she went shopping?
S. She had her breakfast.
   Then she washed up.
   Then her husband drove her into town.
   Later she fetched her little daughter from kindergarten.

10. Adverbs of Manner (§ 51; Lektion 14)

Da auf den Bildern viele Handlungen und Vorgänge abgebildet sind, bieten sich genügend Möglichkeiten, das -*ly*-Adverb einzuüben.

He is/They are...ing something. How is he/are they...ing it?
S. The waiter is quickly bringing the women some ice-cream.
   The boys are quietly fishing in the sea.
   The girls are slowly walking past the hotel.
   The little girl is happily paddling in the water.
   The boys are carefully building a sandcastle.

11. Present Perfect (§ 54; Lektion 15)

Eine kurze Vorbemerkung zur Funktion dieses Tempus.
Das *Present Perfect*, so sagen uns die meisten deutschen Lehrbücher und Grammatiken, werde gebraucht, wenn eine Handlung beschrieben werden soll, die in ihrer zeitlichen Erstreckung von der Vergangenheit bis in die Gegenwart reicht *(I have lived here for ten years/since 1959)*. Da den Schülern das *Present Perfect* meist in dieser Funktion zuerst entgegentritt, müssen sie annehmen, daß dies die wichtigste Funktion, die Grundfunktion dieses Tempus sei. Dem ist aber nicht so. Wir wollen das belegen.
  Nehmen wir einige Sätze, deren Prädikat im *Present Perfect* steht und setzen einmal kein Adverbiale *(since 1959 / for ten years / ever since he came home)* hinzu, so stellen wir fest, daß die Funktion, die das *Present Perfect* hier hat, eine ganz andere ist:

I have read this book.
I have eaten the cake.
I have opened the window.

Diese Sätze drücken alle keine zeitliche Erstreckung aus; vielmehr halten sie eine Folge, ein Ergebnis fest.

I have read this book.   = I know what it is all about.
I have eaten the cake.   = There is no cake left.
I have opened the window. = The window is open.

Heaton und Stocks sagen dazu: „*The whole emphasis of this tense is on the present resultant state.*" [8] Und Stannard Allen schreibt:

„When we say ‚I have bought a hat', we are calling attention to the present possession of the article and not the previous act of buying it.[9] "

Die Vorstellung der zeitlichen Erstreckung (von der Vergangenheit bis in die Gegenwart) wird also an das *Present Perfect* erst durch das Hinzutreten der Adverbialen herangetragen. Fassen wir zusammen:
Die Grundfunktion des *Present Perfect* ist, daß es eine Folge, ein Ergebnis festhält; das Gewicht liegt auf dem *present resultant state*, nicht auf dem *act of doing something*.

Eine weitere Funktion des *Present Perfect* ist, daß es – allerdings nur in Verbindung mit Adverbialen *(since..., for..., all day/week)* – die zeitliche Erstreckung eines Vorgangs von der Vergangenheit bis in die Gegenwart bezeichnet.
(Das hier Gesagte gilt übrigens für das *Simple Present Perfect* wie für das *Present Perfect Continuous.)*

Und nun zur Einübung dieses Tempus mit Hilfe der Wandbilder. Wir behandeln zuerst die Grundfunktion.

Bild 2: *A Home*

Mutter hat den Tisch für das Abendbrot *(high tea)* fast gedeckt; wir sehen das Ergebnis ihrer Mühe im Bild.

L. What has Mother done?
L./S. She has put the bread on the table.
    She has brought the cake in.
    She has made the tea.
    She has placed the knives and forks round the table.

---

8 *Heaton, J. B. / J. P. Stocks:* Overseas Student's Companion to English Studies. London: Longmans 1966. S. 315.
9 *Allen, W. St.:* Living English Structure. London: Longmans 1959. S. 81.

Hier kommen nicht allzu viele Verben ins Spiel; daher überlegen wir jetzt:

L. What is it Mother hasn't done yet?
L./S. She hasn't poured the tea yet.
    She hasn't cut the bread yet.
    She hasn't taken off her apron yet.
L. And what about the children?
S. They haven't put away their toys yet.
    They haven't washed their hands yet.
    They haven't sat down yet.

Nun ist das Angebot der Verben groß. Nicht vollzogene Handlungen können — wie vollzogene — Folgen haben: was Mutter und Kinder noch nicht getan haben, auch das ist dem Bild zu entnehmen, auch das können wir mit dem *Present Perfect* beschreiben.

Das *Present Perfect* zum Ausdruck der zeitlichen Erstreckung einer Handlung:

L. What has Mother (Father/Grandmother/the girl) been doing for the last half hour?
   What have the two boys been doing for some time?
S. Mother has been making the tea for the last half hour.
   Mother has been laying the table.
   Father has been repairing the door lock for the last half hour.
   Grandmother has been sewing a dress for the last half hour.
   The boys have been helping their father for some time.
   They have been watching their father for some time.

In Verbindung mit Adverbialen der zeitlichen Erstreckung steht meist das *Present Perfect Continuous*[10], ausgenommen bei den Verben, die auch sonst in der Regel nicht in der Verlaufsform benützt werden.

12. Future (§ 58; Lektion 16)

An *What is he/are they doing?* schloß sich *What has he/have they done?* an; daran knüpft sich nun ganz natürlich die Frage: *And what will he (they) do in a minute or two?*

---

10 Vgl. *Lee, W. E.*: Language-Teaching Games and Contests. London: Oxford University Press 1965. S. 32.

Bild 2: *A Home*

L. What will Father (Mother) do in a minute or two?
L./S. In a minute or two he'll have his tea.
  In a minute or two she'll call the family to tea.
  In a minute or two she'll help Grandma to the table.

Bild 3: *The Seaside*

Man kann die Antworten auch mit einem *maybe* oder *perhaps* einleiten lassen, so daß mehrere Antworten zu einer Person möglich werden:

L. What will he (they) do when the sun goes down?
S. Maybe the fat man will have dinner at the hotel.
  Maybe the fat man will put on his clothes first.
  Maybe the boys will make a fire.
  Maybe the boys will go home.

13. Conditional Clauses (§ 60–62; Lektion 17)

a) Der Bedingungssatz des Typs *If you* + *Past Tense ... you* + *Conditional I*

Bild 3: *The Seaside*

L. If you could go to this place here, what would you do there?
S. If I could go there, I'd sail in one of those boats.
  If I could go there, I'd try and catch some fish.
  If I could go there, I'd get a room at this hotel.
  If I could go there, I'd talk with those girls under the sunshade. etc.
L. If a storm came up, what would the people do?
S. They'd pack up their things (if a storm came up).
  They'd run to the hotel.
  The waiter would take the sunshade down.
  Everybody would put on their clothes quickly.

b) Der Bedingungssatz des Typs *If you* + *Past Perfect ... you* + *Conditional II*

Bild 1: *A Street Scene*

L. If the policeman hadn't been there, what could the woman have done?
S. She could have asked for the way in a shop if he hadn't been there.
  She could have taken a taxi.
  She could have asked the bus conductor.
L./S. If it had been a rainy day, what would the people in the street have done?

Wichtig ist hier, daß die Schüler auch Gelegenheit bekommen, selbst Fragen zu stellen. Es macht ihnen Spaß, Komplikationen auszudenken; außerdem zwingt es sie dazu, die Nebensätze zu bilden, die in den Antworten, ganz sprachgerecht, meist wegfallen.

Den Bedingungssatz des Typs *If you + Present Tense... you + Future Tense* üben wir besser nicht am Bild. Er faßt die möglichen Konsequenzen einer Handlung zu direkt ins Auge, um sich für ein Gespräch über Bildinhalte zu eignen, das sich seinem Wesen nach mehr im Hypothetischen bewegen muß.

14. Relative Clause (§ 63; Lektion 18)

Wir benützen den Relativsatz im Alltag, um Gleichartiges näher zu bestimmen *(defining relative clause)*. Der Gebrauch des Relativsatzes wirkt dann natürlich, wenn die nähere Bestimmung mit Hilfe eines finiten Verbs geschehen muß, d. h., wenn der Inhalt des Relativsatzes sich nicht mehr in ein Adjektiv oder einen präpositionalen Ausdruck zusammenziehen läßt. Schlecht sind daher:

The car which is black is a taxi.
The woman who is wearing a red jacket is the girl's mother.

Hier sagt man besser:

The black car is a taxi.
The woman with the red jacket is the girl's mother.

Bild 3: *The Seaside*

L. Which boys are sitting by the wall?
S. The boys | that / who | have built a sandcastle are sitting by the wall.
L./S. Which woman is smoking a cigarette?
S. The woman who has ordered an ice-cream is smoking a cigarette.
L. Who is all wet?
S. The girl who has just fallen into the water is all wet.

Den Schritt zum Partizipialsatz in der Funktion eines Relativsatzes bahnten wir schon an, als wir die *There-is*-Formel mit Sätzen im *Present Continuous* verbanden (vgl. S. 16). Ein Satz wie *There is a woman smoking a cigarette* gibt uns das „Versatzstück" *(a) woman smoking a cigarette*, mit dessen Hilfe wir nun bilden:

The woman smoking a cigarette has a yellow jumper.
L. Who has a red bathing costume?
S. One of the girls paddling in the water has a red bathing costume.

15. Passive Voice (§ 68; Lektion 21)

Sätze im Passiv, in denen der Handelnde unerwähnt bleibt, weil man ihn nicht kennt, ihn nicht nennen will oder ihn nicht zu nennen braucht, machen dem Schüler die besondere Funktion des Passivs am besten verständlich. Unser Gespräch über die Bilder zielt auf solche Sätze ab.

a) Simple Present Tense, Passive

Bild 3: *The Seaside*

L. There are lots of beaches like this one in England.
   (Der Lehrer stellt sich nun vor das Bild, so daß die Klasse es nicht mehr voll sehen kann.)
   Of course, it's hard work to keep these beaches nice and tidy. Lots of things are done every day to make people feel comfortable at all these places.
L./S. Deck-chairs are put up so that people can have a rest.
   The paper is picked up from the beach.
   Tables and chairs are put out in front of the restaurants.
   The awnings are let down to protect people from the sun.
   The promenade is swept every day.

b) Present Perfect, Passive

Bild 3: *The Seaside*

L. Let's see what has been done here to make people feel comfortable.
L./S. A sunshade has been put up for the women.
   Railings have been fixed to the top of the wall.
   The awnings of the Devon Hotel have been let down.
   Life belts have been hung up in case anybody needs help in the water.
   The street has been swept.
   The windows of the hotel have been cleaned.
   The shutters have been painted.

c) Past Tense, Passive

Wir unterhalten uns über ein Bild, mit dem die Schüler gut vertraut sind, das wir diesmal aber nicht in die Stunde mitgebracht haben.

L. Remember: Two boats were drawn up on the beach.
S. Tables and chairs were put out in front of the hotel.
   A red car was parked between the houses.
   Drinks were served on the promenade.

Damit wären wir am Ende des Grammatikpensums der ersten zwei Lernjahre angelangt. Ich glaube, es ist deutlich geworden, daß wir ein gut Teil unserer sprachlichen Arbeit mit Hilfe der *wall pictures* abwechslungsreich zu gestalten vermögen.

Gingen wir bei unseren Vorschlägen meist davon aus, daß die grammatischen Erscheinungen mündlich geübt werden, so wollen wir jetzt noch daran erinnern, daß man die Dinge im Anschluß an das Gespräch natürlich auch schriftlich festhalten kann; ich selbst tue das meist mit meiner Klasse. Führt man das „*Pupils' Workbook*" ein, dann hat man sogar die Möglichkeit, Hausaufgaben zu den Bildern geben zu können.

Die Arbeit mit den Wandbildern soll die anderen Übungsformen unseres Unterrichts nicht ersetzen; vielmehr soll sie eine lebendige Ergänzung dazu sein. Der ständige Blickkontakt zwischen Lehrer, Schüler und Sache ist der menschliche wie unterrichtstechnische Vorzug dieser Arbeitsweise. Wenn das Visier der Bücher vor den Gesichtern unserer Schüler verschwindet und Sprache im spontanen Austausch zwischen Lehrer und Schülern, Schülern und Mitschülern benützt wird, dann kann es sein, daß der Unterricht einen Schritt vor seine eigene Türe tut, dann kann es sein, daß wir für Minuten die Wände vergessen, die uns sonst von der Welt trennen.

Die englischen Tempora

Ihre Einführung in verschiedenen Unterrichtswerken

Vorbemerkung

Neben dem Substantiv spielt das Verb die wichtigste Rolle im englischen Anfangsunterricht. Welche und wie viele Tempora ein Lehrwerk im ersten Lernjahr einführt, das kann — besser noch als die grammatische Behandlung des Substantivs — als Maßstab für den Schwierigkeitsgrad eines Sprachkurses gelten.

Außer der Art und Zahl der Tempora *(selection)* ist aber auch die Reihenfolge, in der die ausgewählten Tempora dem Schüler vorgestellt werden *(grading)*, von entscheidender Bedeutung für die Angemessenheit des Lernanstiegs.

Die beiden Prinzipien methodischer Aufbereitung des Stoffes — Auswahl *(selection)* einerseits und Stufung *(grading)* andererseits — werden aber noch überwölbt von einem dritten Faktor: der Lernzielbestimmung. Die Frage: Wofür wird hier Sprache gelernt? muß vor der Auswahl des grammatischen Pensums schon entschieden sein. Je nach Zielvorstellung — z. B. Gebrauch der Sprache als Kommunikationsmittel (gesprochene Sprache) oder als Informationsquelle (Lesesprache) — werden die Entscheidungen über das Sprachangebot eines Kurses hier bereits gesteuert.

Für die beiden eben genannten Zielvorstellungen wäre es denkbar, innerhalb des englischen Tempussystems eine dazu analoge Zweiteilung vorzunehmen. Dabei kämen dem Kommunikationsbereich („Rede") die Tempora der „besprochenen Welt" zu, dem Informationsbereich („Text") die Tempora der „erzählten Welt"[1] — in grammatische Termini übersetzt hieße das: *Non-Past*-Tempora *(Present Tense; Present Perfect; Future; Future Perfect)* einerseits und *Past*-Tempora *(Past Tense; Past Perfect;*

---

[1] Zu den Begriffen „besprochene und erzählte Welt" vergleiche *Weinrich, H.:* Tempus, Besprochene und Erzählte Welt. Stuttgart: Kohlhammer 1964.
In den *Non-Past*-Tempora werden die Dinge „besprochen", d. h. sie stehen zur Diskussion an, Pläne werden gemacht, Entschlüsse gefaßt, Entscheidungen gefällt, Anordnungen gegeben; es wird Stellung genommen, kommentiert und referiert.

Future in the Past bzw. *Conditional I; Future Perfect in the Past* bzw. *Conditional II)* andererseits.

Wir wissen aber, daß sich weder die Lernzielvorstellungen noch die grammatischen Gegebenheiten in so eindeutig zu begrenzende Alternativen aufteilen lassen. Wer eine lebende Fremdsprache lernt, tut dies nur selten, um darin ausschließlich mündlich zu verkehren oder um darin ausschließlich eine Lesefertigkeit zu erwerben. Auch sind die Tempora in Rede und Text kaum jemals säuberlich nach *Non-Past-* und *Past-*Bereich geschieden, da nicht Mündlichkeit oder Schriftlichkeit an sich über den verwendeten Tempusbereich entscheidet, sondern die situationsgeleitete Äußerungsintention.

Wie immer die Lernzielvorstellung eines Lehrwerks geprägt ist, ob sie mehr den Gebrauch der gesprochenen oder der geschriebenen Sprache im Auge hat: die Tempora sind als geschlossenes grammatisches System hier wie dort unerläßlich.

Da somit das Problem der Auswahl *(selection)* grundsätzlich entschieden ist — die Tempora sind in ihrer Gesamtheit zu lehren, eine lernzielgesteuerte Beschneidung ist nicht realistisch —, sehen wir uns nun der Aufgabe einer Stufung *(grading)* des Tempussystems gegenüber.

Für ein Stufungsprinzip bieten sich mehrere Gesichtspunkte an. Wissenschaftlich gesehen sollte es möglich sein, ein aus dem Gegenstand, dem Tempussystem, selbst heraus begründbares Verfahren für die Abfolge der einzuführenden Tempora zu entwickeln. Dieses Stufungsverfahren müßte aber — wie jeder Lehrer sofort einwenden wird — durch die praktischen Gegebenheiten und Forderungen des Klassenzimmers *(classroom needs)* noch zu modifizieren sein. Dabei wird die Frage der Veranschaulichung eines sprachlichen Phänomens *(teachability)* bei unseren Anfängern eine erhebliche Rolle spielen.

Wir können die verschiedenen Gesichtspunkte zum Problem der Stufung so zusammenfassen: Die Stufung *(grading)* der Tempora ist so vorzunehmen, daß sie unter den gegebenen Klassenzimmerverhältnissen linguistisch vertretbar und psychologisch leistbar ist.

Im folgenden wollen wir nun die Reihenfolge der Einführung englischer Tempora in verschiedenen gymnasialen Lehrwerken kritisch mustern. Dabei werden wir uns im wesentlichen auf das erste Lernjahr beschränken.

Die Sprechsituation ist Schauplatz des Geschehens. — In den *Past*-Tempora wird erzählt. Die Dinge stehen hier nicht zur Diskussion an; vom Leser oder Zuhörer wird keine Stellungnahme gefordert. Die Sprechsituation ist nicht Schauplatz des Geschehens.

Die Einführung der Tempora in den Lehrbüchern

Hier zunächst eine schematische Übersicht über die Tempusabfolge in verschiedenen englischen Lehrwerken:

	1. Lernjahr	2. Lernjahr
Britain and America[2]	Simple Present Present Continuous Past Tense	Present Perfect
English for Today[3]	Present Continuous Simple Present Past Tense	—[8]
Learning English[4]	Present Continuous Simple Present Past Tense	Present Perfect
The Good Companion[5]	Simple Present Present Continuous Future Past Tense	Present Perfect
The Highway to English[6]	Present Continuous Simple Present Future Past Tense	Present Perfect
How Do You Do[7]	Present Continuous Simple Present Future Present Perfect	—[8]

Schon aus dieser schematischen Aufstellung lassen sich verschiedene interessante Beobachtungen ablesen. Es fällt auf, daß alle Lehrwerke ein *Present Tense* als erstes und als zweites Tempus einführen. Bei vieren ist die

---

   2 Britain and America, A 1. Bielefeld: Velhagen und Klasing.
   3 English for Today, Bd. 1 neu. Dortmund: Lensing und Schroedel.
   4 Learning English, A 1. Stuttgart: Klett.
   5 The Good Companion, A 1. Frankfurt a. M.: Diesterweg.
   6 The Highway to English, A 1. Frankfurt a. M.: Hirschgraben.
   7 How Do You Do, A 1. Paderborn: Schöningh.
   8 Der Anschlußband für das 2. Lernjahr lag bei Fertigstellung dieses Aufsatzes noch nicht vor.

Reihenfolge *Present Continuous Tense – Simple Present Tense,* bei zweien *Simple Present Tense – Present Continuous Tense.* Auf die Behandlung der beiden Präsens-Tempora folgt bei der einen Hälfte der Werke das *Past Tense,* bei der andern Hälfte das *Future Tense.* Die drei Lehrbücher, die das *Future Tense* behandeln, fügen dann noch ein weiteres Tempus hinzu; bei zweien ist es das *Past Tense,* bei einem das *Present Perfect Tense.* Es schließen also insgesamt fünf der sechs zitierten Lehrwerke das erste Lernjahr mit dem *Past Tense* ab.

Soweit die Anschlußbände für das zweite Lernjahr vorliegen, beginnen sie alle mit dem *Present Perfect Tense. Past Tense* und *Present Perfect Tense* liegen daher in allen Werken – getrennt wohl durch den Lernjahreinschnitt – nebeneinander. Dies dürfte auch für „How Do You Do" zutreffen, nur daß hier die Reihenfolge *Present Perfect Tense – Past Tense* sein wird.

(Diese Beobachtungen beziehen sich auf die Stellung der Tempora innerhalb der Reihenfolge ihrer systematischen Behandlung in den Englischbüchern. Vorgriffe auf die systematische Behandlung sind hier nicht berücksichtigt.)

Present Continuous Tense

Welche Gründe sprechen nun für das *Present Continuous Tense* als erstem Tempus? Vier der sechs zitierten Werke haben sich ja für diesen Anfang entschieden.

Das *Present Continuous Tense,* das für Handlungen gebraucht wird, die noch nicht abgeschlossen sind, bietet sich im Klassenzimmer seiner leichten Demonstrierbarkeit wegen an.

L. Barbara, go to the window. What's she doing?
S. She is going to the window.
L. What are you doing, Barbara?
S. I am going to the window.

Hier benützen wir das *Present Continuous Tense* in einem eingeschränkten Sinne für Vorgänge, die sich „gerade" vor unser aller Augen abspielen. Die Sinnfälligkeit dieses Lehrverfahrens kommt der Altersstufe unserer Anfänger entgegen. Ihr eigenes Handeln zu versprachlichen macht ihnen Spaß. Der Einwand, daß man im Alltag selten Gelegenheit habe zu sagen: *I am going to the window,* ist wohl nicht sehr ernst zu nehmen. Er bezieht sich mehr auf das situationsbedingte Vokabular *(go/window)* als auf die grammatische Form. In eine häusliche Alltagssituation transponiert, könnte unser grammatischer Dialog so ablaufen:

Mother: Barbara, come upstairs and make your bed.
Barbara: In a minute, Mum. I am just sweeping the kitchen floor.

Wenn wir unseren Anfangsunterricht audio-lingual betreiben, sprechen also gute Gründe für das *Present Continuous Tense* als erstem Tempus. Wenn wir diese Sätze, die wir jetzt sagen können, auch schreiben wollten, kämen wir allerdings in Schwierigkeiten. Wir würden uns offensichtlich gegen unsere funktionale Einführung dieses Tempus versündigen, wenn wir die Schüler aufforderten, die Sätze, die sie eben gesprochen haben *(I am going to the window / Im am wiping the board)*, nun, nachdem sie sich wieder an ihren Platz gesetzt haben, auch in ihr Heft niederzuschreiben. Das wäre linguistisch nicht zu vertreten, es wäre schlimme Schulmeisterei. Nein, wenn solche Sätze im *Present Continuous Tense* geschrieben werden sollen, müssen wir das mit Hilfe von handlungsreichen Wandbildern tun [9]. Handlungen und Vorgänge auf Einzelbildern – nicht aber das Geschehen in Bildgeschichten – werden im *Present Continuous Tense* beschrieben. Unter der Überschrift „*Our Wall Picture: The Browns At Home*" können die Schüler situations- und funktionsgerecht schreiben:

Mrs Brown is wiping the kitchen table.
Mr Brown is repairing the door.
Peter is watching his father.

Jeder audio-linguale Anfangsunterricht wird sehr rasch auf visuelle Hilfsmittel zurückgreifen, und dies nicht nur, wie hier, aus Gründen der schriftlichen Erarbeitung des Gelernten. Vielmehr ist es Lehrern wie Schülern ein Bedürfnis, nach der Versprachlichung der unmittelbaren Umgebung, des Klassenzimmers, einen Blick in die Welt außerhalb der Schule zu tun: dort soll sich die neue Sprache ja recht bald bewähren. Lehrbücher, die diesem Bedürfnis nach Alltagswirklichkeit entgegenzukommen versuchen, tun dies im Anfangsstadium des Fremdsprachenunterrichts meist mit Zeichnungen. Verglichen mit Fotografien sind Zeichnungen übersichtlicher und häufig auch deutlicher im Detail. Solange es sich dabei um Einzelbilder handelt, ist die Versprachlichung des dargestellten Geschehens mit Hilfe des *Present Continuous Tense* kein Problem. In den letzten Jahren hat man aber versucht, mehrere Bilder zu einfachen Handlungsbögen, sog. Bildgeschichten, schon auf dieser Stufe zu verbinden. Hier wird unser Bemühen, linguistisch

---

9 Vgl. S. 14–15.

gesehen, problematisch. Wie uns englische Kollegen immer wieder bestätigt haben, muß der Handlungsablauf von Bildgeschichten *(comic or picture strips)* im *Simple Present Tense* kommentiert werden. So verlangt es die sprachliche Konvention; wir dürfen hier das Englische nicht vergewaltigen.

Wer mit dem *Present Continuous Tense* begonnen hat, kann mit diesem Tempus nicht zu Bildgeschichten übergehen. Das Kommentieren von Bildgeschichten im *Present Continuous Tense* ist genausowenig möglich wie das fortlaufende Erzählen in diesem Tempus.

Es gibt nun aber einen Kniff, mit dessen Hilfe es doch gelingt, eine Art Handlungsbogen im *Present Continuous Tense* zu simulieren. Mit etwas Geschick kann dieser Handlungsbogen dann sogar noch zu einer Klimax oder Pointe hingeführt werden. Das Verfahren, das wir meinen, ist für eine Bild- oder Textgestaltung gleichermaßen geeignet. Die einzige weitere sprachliche Voraussetzung ist neben dem *Present Continuous Tense* noch die Uhrzeit (es genügen volle und halbe Stunden).

Wählen wir als Situationsrahmen den Umzugstag einer Familie. Wollten wir dieses Geschehen in Form einer fortlaufenden Handlung als Text gestalten oder aus einem Bildstreifen heraus versprachlichen, kämen wir mit dem *Present Continuous Tense* allein nicht zurecht. Wenn wir uns aber – dies nun der Kniff – in das fortschreitende Geschehen dieses Umzugs zu verschiedenen Zeitpunkten nur kurz einblenden[10], wenn wir also nur einige unabgeschlossene Teilhandlungen im *Present Continuous Tense* aus dem ganzen Vorgang vorführen, dann wird durch diese Geschehensausschnitte ein Erzählbogen andeutungsweise markiert. Sehen wir uns den Lektionstext an, der auf Grund dieser Überlegungen entstanden ist:

Moving Day at the Bartons'[11]

It is a quarter to seven. A big van is standing in front of the house. The men are taking away the furniture. They are making an awful noise. Jack is still in bed. He is rubbing his eyes. Today is moving day. Jack is very happy. Their new house is big and modern.

It is ten past seven. Jack is at the bathroom door. The door is locked. The water is running. His sister, Jane, is washing.
"Oh, Jane, hurry up, please!"
"I'm sorry, Jack, but I'm washing. Come back in ten minutes, please."

---

10 Vgl. *Leisi, E.:* Die Progressive Form im Englischen. In: Die Neueren Sprachen 5 (1960). S. 217–226.
11 Learning English, A 1. Lektion 2.

It is a quarter past seven. Mr and Mrs Barton are sitting in the kitchen. They are having breakfast.
Jack: Good Morning, Mummy. Good morning, Daddy.
Mrs Barton: Good morning, Jack. No breakfast in your pyjamas, please. Go upstairs and dress.
Jack: But, Mummy, Jane is in the bathroom.
Mrs Barton: All right! Sit down and have breakfast.

It is twenty past seven. Jack is eating his breakfast. He has porridge with milk and sugar, an egg, toast, bread, butter, marmalade and tea. Jack is as hungry as a wolf.

It is eight o'clock. The men are carrying tables, chairs, boxes, beds and wardrobes to the van.
"That's all. Let's go. Lock the doors", says a man.
Jack is leaving the bathroom. What a surprise: his bedroom is empty!
"Mummy, Mummy, where are my clothes?"
His clothes are in the wardrobe. The wardrobe is in the van. And the van is gone. Poor Jack!

Der Inhalt der fünf Textabschnitte läßt sich leicht in Einzelbilder umsetzen. Diesen Bildern ist dann aber auch wieder – wie den Textabschnitten – durch beigefügte Zeitangaben der Charakter von Momentausschnitten aus dem laufenden Geschehen zu geben. Um die Einzelbilder von der Bildgeschichte deutlich abzusetzen und um der Vorstellung einer fortlaufenden Folge auch vom Graphischen her entgegenzuwirken, könnte man an eine Anordnung der Bilder auf Lücke denken:

Soviel zum *Present Continuous Tense*. Der Übergang von der Beschreibung von Einzelhandlungen zur Kommentierung von Handlungsreihen macht die Einführung eines weiteren Tempus erforderlich. Dieses zweite Tempus ist das *Simple Present Tense*.

Simple Present Tense

Mit dem *Simple Present Tense* gewinnen wir die Möglichkeit, Bildgeschichten zu kommentieren, Handlungsfolgen *(first – then)* zu versprachlichen, kurz: zu erzählen.
Erzählen? Erzählt man im allgemeinen nicht im *Past Tense*? Sicher, aber die sprachliche Konvention des Englischen erlaubt es, daß man auch im sog. historischen oder dramatischen Präsens erzählt, umgangssprachlich wie auch in der Literatur [12].

Zum Erzählen wird dieses Tempus denn auch in einem gut Teil der Lektionstexte des ersten Lernjahres verwendet. Seltsamerweise wird es aber nie in dieser Funktion in den Lehrbüchern eingeführt. Vielmehr wird es in der Funktion der „Immergegenwart" vorgestellt, d. h. als ein Tempus, das zur Beschreibung von *habitual actions* dient. Man tut dies wohl, weil das *Simple Present Tense* sich in dieser Funktion am auffälligsten vom *Present Continuous Tense* als dem „*real Present Tense*" abhebt. Aus dem Kontrast des „Gerade" mit dem „Immer" erhofft man sich eine Einsicht des Schülers in das Wesen der beiden Tempora. Ein Beispiel für einen Kontrast-Drill:

L. (flüstert einem Schüler zu: You are a hairdresser. Der Schüler stellt sich vor die Klasse und mimt einen Friseur. Zur Klasse:)
   What's he doing?
S. He is cutting hair.
L. Yes, so what is he?
S. He is a hairdresser.

Der „Friseur" setzt sich wieder an seinen Platz.

L. Tell me what hairdressers do.
S. Hairdressers cut hair.
L. Yes. Tell me what a hairdresser does?
S. A hairdresser cuts hair.

(Weitere Beispiele: football player, baker, pilot, taxi driver, dentist, doctor.)

---

12 Moderne literarische Beispiele sind: *Arthur Miller:* The Misfits; *Katherine Mansfield:* Bank Holiday; *John Updike:* Rabbit, Run; *Damon Runyon:* Guys and Dolls.

So oder ähnlich [13] können unsere Kontrast-Drills zum *Present Continuous Tense* und *Simple Present Tense* aussehen. Damit treffen wir sicherlich Wesentliches beider Tempora. Den Gebrauch des *Simple Present Tense* als Erzählzeit der Lektionstexte bereiten wir damit aber nicht vor. Wie sollen sich die Schüler die *Simple-Present-Tense*-Formen im folgenden Lektionstext erklären, wenn sie das *Simple Present Tense* als ein Tempus zur Beschreibung von *habitual actions* kennengelernt haben?

An Englishman is travelling in a distant country. He feels hungry and enters a restaurant. As he does not know the language of that country, he cannot read the menu. So he only points to one of the meals. The waiter soon serves it with a polite smile on his face. The Englishman likes the meal very much. He thinks he is eating duck. After a time the waiter comes along again. Our friend points to his plate and says: "Quack, quack?" The waiter only replies: "Miaow, miaow." [14]

Wenn wir das *Simple Present Tense* wie hier in der Funktion eines Erzähltempus benützen wollen, müßte uns auch daran gelegen sein, es in dieser Funktion systematisch einzuführen. Bildgeschichten wären dazu wohl die anschaulichste und lebendigste Form der ersten Begegnung mit diesem Tempus. Signalwörter wie *first... then... and then... after that... later* könnten den Schülern die Vorstellung der Folge noch deutlicher ins Bewußtsein rücken.

Man sollte nun denken, daß die Folge-Funktion, um die es beim Erzählen im *Simple Present Tense* geht, auch über Handlungsketten, die die Kinder im Klassenzimmer ausführen, zu vermitteln sei. Der Zauberkünstler, der Experimentator im Hörsaal, die Kochlehrerin – sie alle kommentieren ja im Englischen ihre Handlungen im *Simple Present Tense* [15]. Hornby warnt aber ausdrücklich:

„The Simple Present Tense should *never* be used in classroom teaching for the demonstration of activities." [16]

Ich glaube, wir tun gut daran, solche Ratschläge englischer Fachleute zu beherzigen.

Wir sind vom *Present Continuous Tense* zum *Simple Present Tense* übergegangen, weil wir das Lehrbuch mit seinen (Bild-)Geschichten in den Unterricht eingeschaltet haben. Wer das Lehrbuch nach der Durchnahme

---

13 Vgl. S. 14–17.
14 The Highway to English, A 1. Frankfurt a. M.: Hirschgraben. S. 32.
15 Vgl. *Hornby, A. S.:* A Guide to Patterns and Usage in English. London: Oxford University Press 1960. § 42 b. S. 88.
16 *Hornby, A. S.:* a. a. O., S. 88.

des *Present Continuous Tense* noch nicht heranziehen will, wer weiterhin audio-lingual und audio-visuell arbeiten will, welchen nächsten Schritt müßte er innerhalb des Tempussystems tun?

Im *Present Continuous Tense* haben wir ein Tempus, das die Unabgeschlossenheit *(incompletion)* einer Handlung wiedergibt. Die Handlungen, die unsere Schüler im Klassenzimmer ausführen, kommen alle nach kurzer Zeit zum Abschluß. Es wäre also sinnvoll, wenn wir den Abschluß *(completion)* von Handlungen ebenfalls versprachlichen könnten.

L. Peter, open the windows. – What's he doing?
S. He is opening the windows.
L. Yes. And now he has opened the windows. They are open.

Das *Present Perfect Tense* in dieser Ergebnisfunktion [17] wäre eigentlich der natürlichste Schritt nach dem *Present Continuous Tense*. Wie wir aber aus unserer schematischen Aufstellung der Tempusabfolge in den englischen Lehrwerken sehen, tut keines der Bücher diesen Schritt. Vielmehr geht man nach der Behandlung des *Present Continuous Tense* und des *Simple Present Tense* entweder zum *Future Tense* oder zum *Past Tense* über.

Future Tense

Der Schritt zum *Future Tense* an dieser Stelle wird meist damit begründet, daß das Paradigma dieses Tempus relativ einfach sei: vor den Infinitiv ist lediglich *'ll* (bzw. *shall/will*) zu setzen. Das ist richtig. Man übersieht hier aber die große Zahl modaler Färbungen, die dabei auftreten und die dieses Tempus recht schwierig in seiner sprachgerechten Handhabung machen:

Will you go and see him?	Bitte
When will you go and see him?	*pure future,* rein zeitlich
Shall I get an invitation from her (I wonder)?	Werd' ich wohl...?
Shall I get an invitation for her?	Soll ich ihr... besorgen?

Sehr häufig spielt das Sollen und Wollen mit herein. Nur wenn diese modalen Nuancen durch den Kontext mit Sicherheit auszuschließen sind (z. B. in Verbindung mit Nebensätzen der Zeit: *What will he do when / as soon as / before...*), liegt ein *pure future,* ein Futur im rein zeitlichen Sinne vor [18]. Ein Beispiel aus einem Lehrbuchtext, der das *Future Tense* einzu-

---

17 Vgl. S. 22.
18 Vgl. *Allen, W. St.:* Living English Structure. London: Longmans 1959⁴. § 113. S. 118–119. – Zur Einführung dieses Tempus in der Klasse vergleiche auch S. 23–24.

führen hat, zeigt diese schillernde Funktion der *shall/will* + Infinitiv-Verbindungen sehr deutlich; es handelt sich um einen Auszug aus einem Telefongespräch zwischen zwei Jungen:

"Bob, will you and Pat come for a picnic on Sunday next?
My father will take us to the seaside."
"Not a bad idea... Shall we bring any food with us?"
"No, Bob, ... you will be our guests for the day." [19]

Daß das '*ll*-Futur als leicht gilt, zeigt auch die Tatsache, daß die drei Lehrwerke, die nach den beiden Präsens-Tempora das *Future Tense* bringen, im ersten Lernjahr noch ein weiteres Tempus hinzunehmen (vgl. die Übersicht; S. 30). Die Lehrbücher, die nach den Präsens-Tempora das *Past Tense* einführen, verzichten auf ein weiteres Tempus im ersten Jahr.

Past Tense

Wenn das *Past Tense* nach den Präsens-Tempora *(Simple/Continuous)* gewählt wird — bei der Hälfte der zitierten Werke ist dies der Fall —, kann von der Zahl der neuen Verbformen her nicht mehr gegen das *Present Perfect Tense* argumentiert werden. Nur sehr wenige Verben haben eine regelmäßige *-ed*-Endung im *Past Tense* und eine unregelmäßige *Past-Participle*-Form *(showed/shown* und *sawed/sawn)* sind die einzigen von praktischer Bedeutung). Die Zahl der neuen Formen, die der Schüler zu bewältigen hat, ist also beim *Present Perfect Tense* und beim *Past Tense* praktisch gleich groß. Freilich muß beim *Present Perfect Tense* noch jeweils ein *have* oder *has* zum Partizip hinzutreten, aber das sind Formen, die wir schon aus den ersten Unterrichtswochen kennen. Wer der Meinung ist, ein zusammengesetztes Tempus sei grundsätzlich schwieriger zu handhaben als ein einfaches, der sollte nicht vergessen, daß auch das *Present Continuous Tense* und das *Future Tense* zusammengesetzte Tempora sind. Und die Fragebildung fällt unseren Schülern bei zusammengesetzten Tempora auf jeden Fall leichter.

Was spricht dann dennoch für das *Past Tense* im ersten Lernjahr? Ich glaube, man hat nach einem halben bis dreiviertel Jahr einfach das Bedürfnis, den Umkreis des Präsens zu verlassen. (Das *Present Perfect Tense* ist

---

19 The English Companion, Bd. 1. Frankfurt a. M.: Diesterweg. Lektion XIV. — Das Buch ist mittlerweile in überarbeiteter Fassung (The Good Companion) erschienen. In der neuen Fassung sind die modalen Bedeutungen von *shall/will* in dieser Lektion ausgemerzt.

ja auch ein Präsens-Tempus, schon der Name sagt es: *Perfect* ist formelhaft nachgestelltes Adjektiv zum Substantiv *Present*.) Man will die „epische Dimension" hinzugewinnen, man will ans „richtige" Erzählen, an ausgewachsene Texte kommen. Das Erzählen im *Simple Present Tense* empfinden wir zu Recht sehr bald als künstlich, auch wenn es eine Möglichkeit der Sprache ist. Es ist, in der Literatur jedenfalls, relativ selten. Wird mittels des *Past Tense* inhaltlich nun etwa auch die Behandlung von historisch-landeskundlichen Stoffen möglich, so ist der methodische Gesichtspunkt, daß mit dem *Past Tense* das audio-linguale und audio-visuelle Vorgehen im Unterricht zugunsten der Arbeit am Text zurücktritt, wahrscheinlich gewichtiger. Die praktische Erfahrung zeigt, daß Lehrer wie Schüler diesen Übergang zur eigentlichen Bucharbeit oft positiv empfinden. Es könnte sein, daß die intensive persönliche Lehrer-Schüler-Beziehung der audio-lingualen Anfangsphase mit ihren großen psychischen Anforderungen an alle Beteiligten in der Lehrbucharbeit eine Objektivierung erlebt. So gesehen verstünde sich die Textarbeit auch als ein Gebot der psychischen Ökonomie im Klassenzimmer.

In diesem Zusammenhang ist interessant, daß die Überarbeitung des ersten Bandes von „*English for Today*" nun auch das *Past Tense* nach den zwei Präsens-Tempora einführt, und zwar an Stelle des *Future Tense* der früheren Ausgabe: dies trotz der immer stärkeren Betonung der kommunikativen Funktion der Sprache in den letzten Jahren. Hier erweisen sich *classroom needs* stärker als linguistische Forderungen.

Present Perfect Tense

Damit rückt nun in den meisten Lehrwerken die Behandlung des *Present Perfect Tense* in das zweite Lernjahr. Eine Ausnahme bildet lediglich „*How Do You Do*", das als betont audio-lingual und audio-visuell angelegtes Unterrichtswerk die Tempora der „besprochenen Welt" fast vollständig im ersten Jahr behandelt (nur das *Future Perfect Tense* fehlt).

Die Tatsache, daß in fast allen Lehrwerken das *Present Perfect Tense* auf das *Past Tense* folgt, hat vielfach zu einer einseitigen Darstellung dieses Tempus geführt. Von den beiden Funktionen dieses Tempus
1. *Present Perfect Tense* zur Feststellung des Ergebnisses einer Handlung[20],
2. *Present Perfect Tense* zum Ausdruck der zeitlichen Erstreckung einer Handlung von der Vergangenheit bis in die Gegenwart

---

20 Vgl. S. 22.

wird fast stets nur die zweite systematisch gelehrt. Der methodische Ansatz, das *Present Perfect Tense* als das Tempus einzuführen, das die Zeitspanne zwischen Vergangenheit und Gegenwart überbrückt, liegt nach der vorausgehenden Behandlung von *Past Tense* und *Present Tense* natürlich nahe. Man sagt jetzt „*The Present Perfect Tense combines past and present*" und ordnet diesem Tempus – ähnlich wie den vorausgehenden Tempora – bestimmte adverbiale Signalangaben *(so far; up to now; all day/week)* zu.

All dies ist natürlich nicht falsch, aber doch gefährlich: die Neigung, Tempus und Zeit einander gleichzusetzen, wird immer größer. Auf diese Weise wird im Falle des *Present Perfect Tense* der funktionale Bezug zum *Present Continuous Tense*, wie wir ihn darlegten, meist völlig verwischt. Da wir zum Zeitpunkt der Behandlung des *Present Perfect Tense* über die audio-linguale und audio-visuelle Anfangsphase unseres Unterrichts hinaus sind, könnte auch in unserer Scheu, die Dinge wieder mit Hilfe von Demonstrationen oder Bildern [21] einsichtig zu machen, ein weiterer Grund für unsere einseitige Darstellung dieses Tempus zu suchen sein. Hier wirkt sich der Methodenwechsel zum Nachteil unserer Bemühungen aus.

Wir sind am Ende unserer Musterung der Tempora des englischen Anfangsunterrichts. Einige Folgerungen aus unseren Überlegungen könnten den Kollegen für ihre eigene Unterrichtsarbeit nützlich sein.
– Das *Present Continuous Tense* sollte nicht zur Kommentierung von Handlungsketten in Bildgeschichten verwendet werden.
– Die Diskrepanz, die wir bei der Durchnahme des *Simple Present Tense* zwischen der Einführung dieses Tempus (an Hand von *habitual actions*) und dem späteren Lehrbuchgebrauch dieses Tempus (als *story-telling tense)* festgestellt haben, sollten wir versuchen zu vermeiden. Wenn im *Simple Present Tense* erzählt werden soll, dann muß das Tempus auch in dieser Funktion regelrecht eingeführt werden, am besten mit Hilfe von Bildgeschichten. Dabei sollten die Bildleisten wie Textzeilen von links nach rechts zu „lesen" sein (vgl. die *comic strips),* damit sie sich von Einzelillustrationen am Seitenrand auch graphisch deutlich abheben.
– Das *'ll-Future Tense* sollte bei seiner Einführung nicht durch modale Färbungen belastet werden, sondern zunächst im rein zeitlichen Sinne als *pure Future Tense* vorgestellt werden.
– Das *Present Perfect Tense* sollte auch in seiner Ergebnis-Funktion und nicht nur in seiner Erstreckungsfunktion gelehrt werden. Es wäre zu diesem Zweck in einen situativen Zusammenhang mit dem *Present Continuous Tense* zu stellen.

---

21 Vgl. S. 21–23.

Mess, Muddle and Confusion

Erzählstrukturen
in englischen Anfangslektionen

Wenn man bedenkt, wie groß die sachlichen, sprachlichen und psychologischen Beschränkungen sind, die bei der Erstellung von Anfangslektionen bestehen, muß es interessant sein zu untersuchen, welche Möglichkeiten erzählerischer Gestaltung die Verfasser hier noch gefunden haben.

In der Tat bringt die Analyse der Erzählstrukturen von Anfangslektionen verschiedener gängiger Lehrwerke für das Englische ein überraschendes Faktum ans Licht. Zu einem hohen Prozentsatz findet sich nämlich in den erzählenden Lektionstexten ein Handlungsaufbau, den wir mit *mess, muddle and confusion* – kurz M-M-C – beschreiben möchten.
Im folgenden wollen wir nun
1. dieses charakteristische *Mess-muddle-and-confusion*-Erzählgerüst als eine Spielart der klassischen Erzählstruktur aufzeigen;
2. das M-M-C-Gerüst an Beispielen aus den Lehrbuchlektionen belegen und
3. die methodisch-didaktischen Gründe überdenken, die zur Herausbildung gerade dieses Erzählgerüsts in den Anfangslektionen geführt haben.

1. Die klassische Erzählstruktur und das Erzählgerüst der Anfangslektionen

Das Außerordentliche, Merk-würdige ist der Gegenstand des Erzählens.

Die klassische Erzählstruktur führt von der Exposition über ein konfliktauslösendes Moment hin zur Krise. Im Höhepunkt der Krise erfolgt der Umschwung, der schließlich die Lösung des Konflikts bringt *(exposition – complication – crisis – solution)*.

Es versteht sich, daß die klassische Erzählstruktur in dieser Form zu komplex ist und für die Gestaltung früher Lektionstexte nicht taugt; die sprachlichen Mittel dazu stehen noch nicht zur Verfügung. Die Beschränkung auf die Versprachlichung der unmittelbaren Umwelt im Anfangsunterricht (Wohnung/Schule/Freizeit) macht es auch nicht leicht, etwas Erzählenswertes zu finden. Das Alltägliche zu erzählen lohnt nicht; es bedarf des außerordentlichen, merk-würdigen Ereignisses.

Wenn wir aber erzählen wollen, ist es dann denkbar, daß die klassische Erzählstruktur vielleicht in einer sehr vereinfachten Form für die erzählerische Ausformung von Lektionstexten doch noch zu nutzen wäre?

Die klassische Erzählstruktur, die von der Exposition über den Konflikt zur Krise und schließlich zur Lösung des Konflikts führt, kann in ihrem dramatischen Kern als Einbruch eines Unordnung stiftenden Ereignisses in ein Ordnungsgefüge verstanden werden. Eben dieser Einsicht bedienen sich die Autoren der meisten Lehrwerke bewußt oder unbewußt, wie eine Analyse englischer Anfangslektionen ergibt. Die Wörtlichkeit, mit der diese Erkenntnis bei der erzählerischen Gestaltung der Texte allenthalben angewendet wird, ist so erstaunlich, daß wir von einem typischen „Unordnungs-Schema", eben dem eingangs erwähnten M-M-C-Erzählgerüst, sprechen können. Dies haben wir zunächst an Beispielen zu belegen und noch näher zu erläutern. Die Lehrwerke, die wir untersucht haben, sind:

English for Today, Bd. 1 neu (EfT) [1]   The Good Companion, A 1 (GC)
Learning English, A 1 (LE)   Britain and America, A 1 (BA)
How Do You Do, A 1 (HDYD)   The Highway to English, A 1 (HtE)

2. Beispiele für das M-M-C-Gerüst

Da wir an dieser Stelle nicht sämtliche Anfangslektionen der sechs Lehrwerke zitieren können, beschränken wir uns auf einige besonders kennzeichnende Beispiele. Der Leser kann dann selbst die Tragfähigkeit unserer These an weiteren Texten nachprüfen.

a) English for Today

Mess, muddle and confusion im Sinne eines Durcheinanders, einer inneren und äußeren Unordnung, findet sich in EfT als „krisenauslösendes" Moment im Erzählgerüst von mindestens vier der sechs Lektionstexte *(Listen and Read)* des ersten Bandes.

---

[1] Vgl. zu diesem und den folgenden Titeln S. 30, Fußn. 2–7.

Who is Who? (Chapter 1)

Schon die Überschrift „*Who is Who?*" deutet es an: es geht in diesem Text um die Verwechslung von Personen. Zwillinge, Grace and Barbara, sind in eine Schulklasse eingetreten, und die Schwierigkeit, sie auseinanderzuhalten, stiftet allerlei Verwirrungen. Die Mitschüler sprechen eine der Schwestern auf dem Schulhof mit Grace an. Sie protestiert: „*I'm not Grace. I'm Barbara.*" Dann muß Barbara aufs Rektorat. Kurz darauf tritt ein Mädchen, das wie Barbara aussieht, zu der Gruppe im Hof. „*Back from the office, Barbara?*" Aber: „*I'm not Barbara, my name is Grace.*" Das Durcheinander klärt sich im letzten Abschnitt, wo durch eine Gegenüberstellung der Hobbys, Berufswünsche usw. die Zwillinge individualisiert werden (grammatisches Pensum: *habitual or factual Present Tense*). Ein typisches M-M-C-Erzählgerüst, das in diesem Falle sogar bis zur Lösung, der neuerlichen Herstellung der „Ordnung", geführt wird.

Der Zwillings-Topos findet sich auch in BA, Lektion 7, „*The Twins in a Fix*", wo er ebenfalls in ein *Mess-muddle-and-confusion*-Erzählgerüst eingelassen ist.

Weitere M-M-C-Beispiele in EfT sind die Texte „*A Visit to the Zoo*" *(chap. 4* – ähnlich GC, Lektion 6, „*Bob and Pat at the Zoo*"*)*, „*In the New House*" *(chap. 5)* und „*Henry looks after the Shop*" *(chap. 6).*

b) Learning English

Klare Beispiele für das M-M-C-Erzählgerüst sind hier „*Father's Car Key*" *(Step 3)*, „*The Blue Kitchen*" *(Step 4)* und „*What Number, please?*" *(Step 6).*

In „*The Blue Kitchen*" *(Step 4)* wird geschildert, wie drei Geschwister in Abwesenheit der Eltern die Küche „renovieren". Es geht natürlich drunter und drüber. Die beiden älteren Kinder streichen die Wände. Shirley, die Jüngste, malt nicht nur die Wand, sondern auch Tassen, Teller und sogar ihre eigenen Schuhe an, und selbst die Katze streicht mit ihrem Schwanz, den sie beiläufig in den Farbtopf getaucht hat, den Fußboden (grammatisches Pensum: Handlungen im *Present Continuous Tense*). Die Eltern kommen zurück und sehen die Bescherung. „*Oh, what a mess!*" ruft die Mutter verärgert aus. „*Go and wash.*" (Hoffen wir, daß es Dispersionsfarbe war; bei Ölfarbe ließe sich die Ordnung nicht so leicht wiederherstellen.)

An diesem Beispiel wird noch eine weitere Eigenart des Erzählens im *Mess-muddle-and-confusion*-Gerüst deutlich. Es bleibt nämlich selten bei einem einmaligen Unordnung stiftenden Vorfall; meist häuft man Unord-

nung auf Unordnung. Im Höhepunkt des Geschehens steht dann das totale Tohuwabohu (vgl. dazu EfT, *chap. 5* und *chap. 6).*
Man hat dies das „Überbieten" des epischen Erzählers genannt. Der Epiker fesselt uns, „indem er durch den folgenden Teil den früheren überbietet", der Dramatiker hingegen spannt uns auf den Ausgang hin „aus der Erkenntnis, daß den früheren Teilen noch etwas fehlt, daß sie noch der Ergänzung bedürfen, um sinnvoll oder verständlich zu sein. Diese Ergänzung ist das Ende, auf das im Dramatischen alles ankommt...

Ganz anders das epische Überbieten! Da wird ein einzelnes vorgestellt als selbständiges Stück. Damit das Interesse nicht nachläßt, muß das nächste Stück noch reicher, noch schrecklicher oder lieblicher sein..."[2]

Was wir hier gattungsgesetzlich erklärt haben – jenes Überbieten –, das läßt sich vom Standpunkt der Fremdsprachenmethodik aus noch anders deuten. Wie es lerntheoretisch beleuchtet werden kann, s. Seite 46.

c) How Do You Do

In der erzählerisch vielleicht einfachsten Ausprägung findet sich die *Messmuddle-and-confusion*-Struktur in Verbindung mit dem Topos der Suche (nach einem Gegenstand, einer Person). Dazu ein Beispiel aus HDYD, einem Lehrwerk, dessen Anfangstexte ganz besonders durch das M-M-C-Erzählgerüst gekennzeichnet sind.

In *„Peter's Shoes" (Unit 1)* sucht ein Junge seine Schuhe. In dem kleinen Dialog geben nun Mutter, Schwester und Vater der Reihe nach Hinweise, wo die Schuhe sein könnten (grammatisches Pensum: Präpositionen/Adverbiale). Als mögliche Fundorte werden genannt: *1. under the bed, 2. in the bathroom, 3. in the garden, 4. in the dog's basket.* Man sieht, wie die Hinweise der Familie die wachsende Verwirrung des kleinen Schlampers widerspiegeln. Als Peter seine Schuhe schließlich im Hundekorb entdeckt, rächt er sich, indem er den Hund aus dem Haus schickt.

Vergleiche auch LE: *„Father's Car Key" (Step 3);* HDYD: *„Susie's Surprise" (Unit 1), „You must smile" (Unit 1), „Where's that bag?" (Unit 2).*

Auch aus einer späteren Lektion von HDYD sei noch ein Beispiel erwähnt: In einem großen Kaufhaus treffen sich Mrs Benson und Mrs Hill zufällig. Mrs Benson ist dabei, einen Mantel für ihren Sohn Peter zu kaufen; Mrs

---

2 Staiger, E.: Grundbegriffe der Poetik. Zürich: Atlantis 1951[2]. S. 121.

Hill hat ein Nachthemd erworben. Auf der gemeinsamen Busfahrt nach Hause verwechseln sie ihre Einkaufspakete. Statt seines Mantels wickelt Peter später ein Damennachthemd aus. Bei den Hills herrscht Konsternation über den Jungenmantel. Titel der Geschichte: *What a Muddle!*

Interessant ist an diesem Beispiel, daß wir erst am Schluß, beim Öffnen der Pakete zu Hause, von der Verwechslung erfahren. Die große Konfusion in den beiden Familien, die hier als Pointe ganz ans Ende gerückt erscheint, trifft den Leser jedoch nicht unvorbereitet. Peter, der seine Mutter beim Einkaufen begleitete, hatte sich gleich zu Anfang in dem großen Kaufhaus verirrt – und war zu seiner Verwirrung in der Damenabteilung gelandet. Im *sub-plot* finden wir also schon das *Mess-muddle-and-confusion*-Gerüst, das dort auch inhaltlich bereits auf den Schluß hin angelegt ist. In dieser Ausprägung haben wir hier eine recht komplexe M-M-C-Struktur vor uns (grammatisches Pensum der Lektion: *of-/s-Case*).

Vergleiche außerdem HDYD: *„At the Supermarket"* (Unit 2), *„Mrs Benson's Washday"* (Unit 3), *„Monday is Washday"* (Unit 3), *„The Dirty Boots"* (Unit 4), *„Sally's Party"* (Unit 5).

d) The Good Companion / Britain and America

Die Texte, die wir in diesen beiden Lehrwerken zur Prüfung unserer *Mess-muddle-and-confusion*-These besonders empfehlen möchten, sind:

GC: *„Bob and Pat at the Zoo"* (L. 6), *„Pat at the Grocer's"* (L. 8), *„Housework"* (L. 9).
BA: *„The Twins in a Fix"* (L. 7), *„A Strange but Hearty Welcome"* (L. 8), *„Are Only Monkeys Full of Tricks?"* (L. 9), *„Their Good Turn"* (L. 10), *„What a Mess!"* (L. 13).

3. Methodisch-didaktische Begründung des M-M-C-Erzählgerüsts

Was sind nun die Gründe für das häufige Vorkommen des *Mess-muddle-and-confusion*-Erzählgerüsts in den Texten der Anfangslektionen?

Da ist zunächst einmal der *jugendpsychologische Aspekt* zu bedenken. Daß das „Unordnungs-Schema" in der M-M-C-Ausprägung die Schüler in diesem Alter anspricht, weiß wohl jeder Lehrer aus Erfahrung: je toller das Durcheinander, um so mehr sind die Kinder dabei. Die Alltagswelt etwas in den Angeln hochzuheben, sie gelegentlich auch einmal ganz aus den Angeln zu heben, das bereitet den Zehnjährigen Vergnügen. Spielt der Lehrbuchverfasser hier mit, vermag er zwei Fliegen mit einem Schlag zu treffen: er kann die spröden Sach- und Stoffbereiche der unmittelbaren Umwelt der Kinder hier eingliedern, und er kann dies – eben mittels des M-M-C-Erzählgerüsts – auf eine Weise tun, die ihm die innere Beteiligung der Kinder sichert. Der jugendpsychologische Aspekt hat also auch Konsequenzen für das anzubietende Sprachmaterial.

Zum andern müssen wir den *lerntheoretischen Aspekt* betrachten. Wie die Beispiele zeigen, ist es keinesfalls so, daß nur bestimmte und allein für den Anfangsunterricht typische Sprachelemente zur Ausmünzung des M-M-C-Erzählgerüsts in Frage kommen; eine Vielfalt von grammatischen und lexikalischen *teaching items* ist darin offensichtlich einzuarbeiten. Nicht *was* in diesem Erzählgerüst sprachlich unterzubringen ist, sondern *wie* es darin unterzubringen ist, das macht, so glauben wir, seine besondere Eignung für den Anfangsunterricht aus. Das lerntheoretische und unterrichtsmethodische Geheimnis liegt offenbar in dem additiven Aufbau dieses Erzählgerüsts. Sein ausgeprägter Zug zur Reihung, zur Wiederholung von sprachlich Gleichem oder Ähnlichem, wie es vor allem in dem „Überbieten" zu Tage tritt, macht das M-M-C-Gerüst für den Fremdsprachenunterricht so interessant. Texte, die nach dem M-M-C-Schema verfaßt und geschickt angelegt sind, können sich als verkappte *Substitution Tables* entpuppen, als *Substitution Tables,* deren großer Vorzug die volle situative Einbindung der zu übenden grammatischen und lexikalischen Elemente ist – im Gegensatz zu den rein formalen *Pattern-Drill-Tables* älterer, Palmerscher Prägung. Die gleichzeitige Struktur- und Situationsbewußtheit, wie sie neuere linguistische und lerntheoretische Erkenntnisse fordern, findet somit im M-M-C-Erzählgerüst ihren textgestalterischen Niederschlag.

Dies soll an einem Beispiel noch einsichtig werden. Wir wählen dazu aus LE den Text *„Father's Car Key" (Step 3)*. Zunächst der Text in der Originalgestalt:

Father's Car Key

It is Monday morning.
- *Father:* Mummy, fetch my coat and my warm scarf, please.
  Vivien, please wipe the car windows.
  David, take that white box and put it under the seat in the car.
- *David:* Is the car locked, Daddy?
- *Father:* Oh, yes, it is.
- *David:* Give me the car key, please.
- *Father:* The car key? Oh, it's not in my pocket! Is it on my desk, David?
- *David:* No, it isn't.

Father:	Is it under the clock, Vivien?
Vivien:	No, it isn't.
Father:	Look under that piece of paper, David.
David:	No, Father, it isn't there.
Father:	Mummy, look in the cupboard and in your handbag.
Mother:	No, Daddy, your key is not in the cupboard. But – what have you in your hand?
Father:	Oh, the key! Thank you, Mummy, thank you. Good-bye.

Um den additiven Charakter des Textes mit seinen reihenden Wiederholungen recht deutlich zu machen, ordnen wir jetzt denselben Text in der Form von *Substitution Tables* an.

Father's Car Key

It is Monday morning.

Father:

Mummy, Vivien, David,	please	fetch my coat. fetch my warm scarf. wipe the car window. take that white box. put it under the seat in the car.

David: Is the car locked, Daddy?
Father: Oh, yes, it is.
David: Give me the car key, please.
Father: The car key?

Is it	on my desk, under the clock,		David? Vivien?
Look	under that piece of paper, in the cupboard, in your handbag,		David. Mummy.

Oh, No,	it the key your key	isn't	in my pocket. there. in the cupboard.

Mother: But – what have you in your hand?
Father: Oh, the key! Thank you, Mummy, thank you. Good-bye.

Es ist leicht einzusehen, daß bei einer geschickten methodischen Auswertung eines solchen Textes die Schüler die Chance haben, sich durch Ergänzung und Ausweitung der sprachlichen Strukturen und lexikalischen

Elemente in den *Tables* an der Textgestaltung aktiv zu beteiligen. Ihre Phantasie wird dabei angesprochen und ihr sprachliches Ausdrucksvermögen dadurch gefördert.

Ein gut Teil der Anfangstexte der meisten gängigen Lehrwerke des Englischen folgt im Erzählaufbau dem M-M-C-Gerüst, das im wesentlichen eine Vereinfachung des klassischen Erzählgerüsts ist.

Wie steht es nun um die anderen Texte, die nicht nach dem M-M-C-Grundriß angelegt sind? Sie sind nicht grundlegend anders – vorausgesetzt, es handelt sich bei ihnen nicht um belehrende, beschreibende oder expositorische Texte, sondern tatsächlich um erzählende Texte. Als solche lehnen sie sich mehr oder weniger an das klassische Schema an; das wäre von Fall zu Fall aufzuzeigen. Von den vorhandenen Variationen der klassischen Erzählstruktur erscheint uns aber das M-M-C-Gerüst als das in seiner methodischen Absicht am klarsten ausgeprägte und daher auch als das interessanteste.

Unserem Eindruck nach ist *„How Do You Do"* gegenwärtig das Lehrwerk, das sich das M-M-C-Erzählgerüst am stärksten zunutze macht. Das Lehrbuch, das sich dieses Erzählgerüsts am wenigsten bedient, ist *„The Highway to English"*. Damit ist nicht unbedingt eine Wertung ausgesprochen. Die Tatsache könnte aber bei einer Lehrbuchkritik ein (positives oder negatives) Kriterium werden, das zu berücksichtigen sich lohnen könnte. Ein Zuviel wie ein Zuwenig an M-M-C-Texten könnte unseren unterrichtlichen Zwecken gleichermaßen abträglich sein. Bei einem Zuviel lauert die Gefahr der Eintönigkeit, bei einem Zuwenig wird man sich fragen, weshalb eine methodisch-didaktische Erkenntnis nicht besser genützt wurde.

Schließlich und endlich kommt es aber – wie in der Literatur – immer wieder auf die jeweilige inhaltliche Erfüllung des Erzählgerüsts an. Wie gut diese Erfüllung gelingt, das hängt entscheidend ab von der Idee, dem schöpferischen Einfall.

Vom Substitution Table zur Composition

Wege zum sicheren Schreiben im Englischen

Wir wollen uns mit der schriftlichen Äußerung des Schülers im Englischen befassen. Dabei gehen wir vom *Substitution Table*, der Satzbautafel, aus und fragen

1. was das *Substitution Table* leistet und was es nicht leistet;
2. ob das *Substitution Table* so umgestaltbar ist, daß man vom *Ein-Pattern-Table* zum *Mehr-Pattern-Table* und schließlich zu umfänglicheren Formen erzählenden und darstellenden Schreibens gelangen kann.

Es soll damit auf dem Gebiet der schriftlichen Handhabung der Fremdsprache der Versuch vorgestellt werden, wie durch den systematischen Ausbau der Satzbautafel eine Brücke zwischen Unter- und Oberstufe zu schlagen wäre.

Was leistet das Substitution Table? Was leistet es nicht?

Zunächst ein Beispiel:

Father Mother	has	cleaned the car. washed the dishes. locked the door. polished the shoes. drawn the curtains.
Susan and Bob We	have	

Tafel 1

Diese Satzbautafel will den Gebrauch des *Present Perfect* einüben. Mit ihrer Hilfe vermag der Schüler 20 wohlgeformte englische Sätze zu erstellen; typische Fehlleistungen deutscher Schüler wie etwa *The Susan and the Bob...* sind nicht möglich. Besonders anschaulich wird dieses substitutive Verfahren der Satzgewinnung, wenn man für jede Spalte der Tafel einen Papierstreifen anfertigt, auf dem die Satzelemente wie in der Tafel untereinander stehen, und wenn man diese Streifen dann hinter einer Pappblende mit drei Fenstern so verschiebt, daß nach und nach die verschiedenen Kombinationsmöglichkeiten in den Fenstern als Sätze erscheinen.

Damit wird die besondere Leistung der Satzbautafeln klar: bei gleichbleibender grammatischer Struktur kann hier eine Vielzahl von Sätzen verschiedenen Inhalts gebildet werden. Sie geben dem Schüler *„a choice of meaning without a choice of structure"* [1] und damit ein hohes Maß sprachlicher Sicherheit. Es liegt nahe anzunehmen, daß wir im *Substitution Table* die ideale Form der Aufgabe für erste schriftliche Äußerungen haben, die der Schüler ohne fremde Hilfe zufriedenstellend bewältigen kann. Trifft das tatsächlich zu?

Versetzen wir uns für einen Augenblick in den Schüler, der an Hand unserer oben angeführten Satzbautafel versucht, seine Hausaufgabe zu machen. Er schreibt in sein Heft:

Father has locked the door.
Mother has washed the dishes.
We have polished the shoes.
We have cleaned the car.
Susan and Bob have drawn the curtains.

Schön, das sind „wohlgeformte englische Sätze"; da aber jeder Satz hier isoliert für sich steht, fehlt dem Ganzen der Zusammenhang, fehlt der Sinn. Hat sich der Schüler wirklich im Gebrauch des *Present Perfect* geübt? Man wird es bezweifeln. Er hat Sätze erstellt, deren Prädikat im *Present Perfect* steht, das ist alles. Eine sinnvolle, zusammenhängende schriftliche Äußerung sind seine Sätze im Hausheft nicht. Die herkömmlichen *Substitution Tables* leisten dies nicht, wollen dies auch nicht leisten, da ihr erster Zweck in der Vermittlung formaler Sicherheit liegt – in unserem Fall in der Einschleifung der zusammengesetzten Zeit des *Present Perfect*. So jedenfalls hat sie ihr Erfinder, Harold E. Palmer, verstanden.

Wäre aber nicht eine Satzbautafel denkbar, die den besonderen Vorzug der herkömmlichen Tafel, die Formalrichtigkeit aller Sätze, besäße und die zudem noch die aus ihr gewonnenen Sätze in einen sinnvollen Zusammenhang zu stellen vermöchte?

Damit kommen wir zu unserer zweiten Frage:

---

[1] *Jerrom, M.F. / L.L. Szkutnik:* Conversation Exercises in Everyday English, Book I. London: Longmans 1965. S. V.

Ist das Substitution Table umgestaltbar?

Eine Umgestaltung könnte zunächst einmal den Versuch einer Kontexteinbettung *(contextualization)* der Satzbautafel unternehmen, wodurch die Forderung nach einem inhaltlich sinnvollen Bezug der einzelnen Sätze erfüllt werden würde. Wie ließe sich das für den Fall unserer Satzbautafel 1 bewerkstelligen?

Ich glaube, eine Überschrift wie *„We are going away"* reichte hier schon aus, um dem Schüler einen orientierenden Fingerzeig zu geben: die Sätze der Tafel sagen jetzt, was vor der Abreise alles erledigt worden ist. Eine situationsgerechte Anordnung der Sätze *(Father has locked the door* müßte am Schluß stehen) würde dann dem Lehrer zeigen, daß der Schüler die Sätze in sinnvollem Zusammenhang sieht, daß er die Situation der Bestandsaufnahme von Erledigtem erfaßt hat. Der Schüler schreibt nun etwa in sein Heft:

We are going away –
   we have cleaned the car;
   Susan and Bob have polished the shoes;
   Mother has washed the dishes;
   ....
   Father has locked the door.

Der *situation marker,* den die Überschrift aussteckt, erhellt blitzlichthaft den sprachgerechten Gebrauch des Tempus und gibt der ganzen Äußerung Sinn.

Eine solche Kontexteinbettung der Satzbautafel macht schon die selbständige Abfassung längerer zusammenhängender Äußerungen durch den Schüler möglich. Freilich haftet diesen Äußerungen noch ein auffallender stilistischer Mangel an; der ausschließliche Gebrauch eines Satztyps verleiht ihnen zwangsläufig aufzählenden Charakter.

Ob wir von der Aufzählung zur Erzählung kommen können, das wird offensichtlich davon abhängen, ob es uns gelingt, das *Ein-Pattern-Table* zu einem *Mehr-Pattern-Table* auszuformen. Unser zweiter Umgestaltungsversuch zielt also auf die innere, auf die grammatische Struktur der Satzbautafel.

Gehen wir schrittweise zu Werke. Zunächst wollen wir die Verbindung dreier Satztypen in einem *Tableau* versuchen:

Things Missed

Apparently It seems	there	was were	some English lectures two new shows a good film some boxing matches a fine play a concert				at the	
cinema stadium theatre Albert Hall	last week. yesterday afternoon. three days ago. last month.		If	our friends I Peter Susan Father we		had	known heard read	
about	it, them,	I he she we they	should would	have	gone tried wanted attempted	to	see watch hear attend	it. them.
What a	pity shame	I he she we they	missed	it. them.				

Tafel 2

Dieses Satztableau verlangt vom Schüler schon etwas mehr. Er kann seine Sätze hier nicht mehr rein mechanisch erstellen, da er an zwei oder drei Stellen auf grammatische und inhaltliche Verträglichkeit der Satzelemente achten muß *(was...it/film...see)*. Das Verfahren hat also etwas von seiner Sicherheit verloren, ist aber dafür farbiger geworden. Sehen wir uns zwei Lösungen an:

1. Apparently there was a good film at the cinema yesterday afternoon. If I had known about it, I should have tried to see it. What a pity I missed it.
2. It seems there were some boxing matches at the stadium last week. If your friends had heard about them, they would have wanted to watch them. What a shame they missed them.

Das schwierige Gefüge des irrealen Bedingungssatzes ist durch einen einleitenden und einen ausleitenden Satz im *Past Tense* sprach- und situationsgerecht verankert. Die drei Sätze bilden eine zusammenhängende, fortführende Äußerung, die durch den Wechsel in den Satztypen alle aufzählende Ungelenkigkeit verloren hat und schon deutlich erzählenden Charakter trägt.

Nachdem sich die Erstellung eines kontextgebundenen *Mehr-Pattern-Tableaus* als durchführbar erwiesen hat, sollten wir es da nicht wagen, ein *Tableau* zu entwerfen, aus dem sich richtige Geschichten gewinnen lassen? Englische Methodiker haben dies schon versucht[2]; wir möchten hier unseren eigenen Versuch vorstellen.

Das *Tableau* war für eine 4. Gymnasialklasse (8. Schuljahr) verfaßt worden.

A(n)	Englishman Russian Scotsman	entered went to rushed into	a hotel a bar a restaurant	in	Russia China America	where
English Russian	was not	understood. spoken.	The	waiter waitress barman	gave offered brought	him
a	plate of food. drink.	It did not	smell look taste	like	veal or beef. wine or beer.	
Intending Trying Wanting	to	find out discover make certain	what	food drink	it was,	the
Englishman Russian Scotsman	said, asked,	"Quack, quack?" "Ah, whisky?" "Vodka?"		The	barman waiter waitress	proudly regretfully at once
replied: answered:		"No, sir, splish splash!" "Wow, wow!"		The	Englishman Russian Scotsman	swallowed did not touch spat out
the	water stuff food	and	fell down dead. left. shot himself.			

Tafel 3

---

[2] *Hill, L. A.:* Elementary Composition Pieces. London: Oxford University Press 1964. Das Büchlein ist für Anfänger (1. und 2. Gymnasialklasse) besonders geeignet. *Moody, K. W.:* Controlled Composition Frames, und *Spencer, D. H.:* Two Types of Guided Composition Exercise; beide in: English Language Teaching. Vol. XIX. No. 4. London: Oxford University Press 1965.

Mit diesem *Controlled Composition Frame* sind wir nun beim erzählenden Schreiben angekommen. Eine der möglichen Versionen könnte etwa lauten:

> An Englishman entered a restaurant in China where English was not understood. The waiter brought him a plate of food. It did not look like veal or beef. Wanting to find out what food it was, the Englishman said, "Quack, quack?" The waiter proudly replied, "Wow, wow!" The Englishman did not touch the food and left.

Wir sagten, daß das Verfahren der Satzgewinnung bei diesen umfänglicheren *Tableaus* etwas von seiner Sicherheit verliere, da der Schüler hier auf grammatische und inhaltliche Verträglichkeit der Elemente achten müsse.

Mag man einerseits diesen Verlust an sprachlicher Führung des Schülers bedauern, so sollte man aber andererseits auch die besondere Möglichkeit sprachlichen Selbständigwerdens, die darin liegt, nicht übersehen. Wenn wir die Schüler zunächst unter unserer Aufsicht dazu animieren, für einzelne Spalten eines *Tableaus* neue zusätzliche Elemente zu suchen, so wäre dies ein vorbereitender Weg, in wohlbegrenztem Rahmen systematisch ihr Sprachgefühl und ihr Sprachverständnis zu wecken. Für unser *Tableau* (Tafel 2) könnte die Klasse im ersten Satz zum Beispiel neue Subjekte (Spalte 4) und neue Orts- und Zeitadverbien (Spalte 5 bis 7) finden.

Das legt als nächsten Schritt den Gedanken eines offenen *Tableaus* nahe, eines *Tableaus*, das von vornherein mit inhaltlichen und syntaktischen Leerstellen entworfen ist, die von den Schülern auszugestalten sind. Hier ein solches Beispiel:

People are Funny

A lot of Quite a few	girls ?	like enjoy	? (noun or gerund)	as soon as ..., after ..., when ..., before ...,	
? (conjunction)	some others	would rather have prefer	? (noun or gerund)	because as so	it ... they ...

Ex.: A lot of men like drinking beer when it is hot, yet some prefer a hot cup of coffee because they feel it refreshes them more.[3]

Für die Spalten 4 und 9 muß der Schüler passende Substantive oder *gerunds* finden, für die Spalten 5 und 10 ff. passende Adverbialsätze, und für die

---

3 Vgl. hierzu auch: Learning English, A 2. Stuttgart: Klett. S. 199.

Spalte 6 sind satzverbindende Konjunktionen zu suchen. Die Geschicklichkeit, die der Schüler bei der syntaktischen Einpassung fehlender Elemente beweist, ist ein Gradmesser für sein Verständnis der Funktion dieser Elemente. Inhaltlich ist hier viel Spielraum gegeben, um seine Phantasie anzuregen und ihn nach interessanten oder lustigen Lösungen suchen zu lassen.

Beispiel:
Quite a few people enjoy a chilling thriller before they go to sleep, though others would rather have a hot water bottle as it warms their cold feet.

Man wird sagen, daß die Erstellung solcher *Tableaus* den Lehrer zu viel Zeit koste, unsere Überlegungen sich also für die Praxis nur schwer auswerten ließen. Diesem Einwand wollen wir noch mit einem praktischen Vorschlag begegnen.

Wenn wir vom *Substitution Table* ausgingen, wenn wir zeigten, daß es wünschenswert ist, die Sätze dort durch eine Kontexteinbettung in einen sinnvollen Zusammenhang zu stellen, wenn wir danach mit dem *Mehr-Pattern-Tableau* und schließlich mit dem *Controlled Composition Frame* zur erzählenden Form schriftlicher Äußerung gelangt sind, so ging es dabei stets um den einen Gedanken: wie können wir dem Schüler ein festes Sprachgerüst geben, an dem er sich bei seinen Schreibversuchen halten kann. Daher unser Vorschlag: vereinfachen wir das Verfahren für die Praxis, indem wir es umkehren. Jeder englische Text hat ein solches Gerüst, wir brauchen es nicht selbst zu erstellen; die Texte, die wir mit den Schülern behandeln, tragen es alle in sich. Nehmen wir uns also solch einen Text vor und verfahren wir mit ihm wie mit einem *Substitution Table* – mit dem Unterschied natürlich, daß wir die auszuwechselnden Elemente selbst zusammenstellen.

Wir machten einen solchen Versuch zum erstenmal am Ende des Schuljahrs an einer ersten Gymnasialklasse (5. Schuljahr). Die Klasse war in der Handhabung von *Substitution Tables* geübt; auch die Technik der Ergänzung einzelner Spalten durch neue, selbstgefundene Elemente war ihr vertraut. Hier zunächst der Lektionstext, wie wir ihn im Lehrbuch fanden:

Bob and Pat at the Zoo [4]

It is Sunday. Bob and Pat want to go to the zoo. They ask their father: "May we go to the zoo, Dad?" – "All right, children. Have you got any money?" – "No, I haven't, Dad", says Pat, "have you, Bob?" she asks. – "No, I haven't", replies Bob. – "Come here, children; here are two shillings." – "Thank you, Dad."

---

4 The English Companion, Bd. 1. Frankfurt a. M.: Diesterweg. Lektion 6.

56 Vom Substitution Table zur Composition

Der Text ist im historischen Präsens abgefaßt. Wir hatten mittlerweile schon das *Past* gelernt, so daß die erste Substitution für die neue Geschichte, die wir erzählen wollten, die Verbformen betraf. So entstand folgender Tafelanschrieb:

It was (1). (2) and (3) wanted to go to the (4). They asked their (5): "May we go to the (4), (5)?" "(6), (7). Have you got (8)?" "No, I haven't, (5)" said (2). "Have you, (3)?" (9) asked. "No, I haven't", replied (3). – "Come here, (7); here are two (10)." – "Thank you, (5)."

1 last Monday; 2 James Bond (!); 3 Jack Miller; 4 swimming-pool/cinema; 5 boss; 6 okay; 7 boys; 8 your pistols/your bathing trunks/your tickets; 9 he; 10 pistols/bathing trunks/tickets.

Als fortlaufender Text gelesen, ergibt dies:

It was last Monday. James Bond and Jack Miller wanted to go to the swimming-pool. They asked their boss: "May we go to the swimming-pool, boss?" – "Okay, boys. Have you got your pistols?" – "No, I haven't, boss", said James Bond. "Have you, Jack?" he asked. "No, I haven't", replied Jack Miller. – "Come here, boys; here are two pistols." – "Thank you, boss."

Als gleich zu Anfang ein Junge James Bond in die Debatte einbrachte, da begannen einige Schüler, wild daraufloszufabulieren. Interessant war aber, wie andere sofort die Vorschläge prüften und Stellen suchten, wo die Beiträge einzupassen waren, so daß der Zwang des Textgerüsts rasch wieder Ordnung in die Köpfe brachte.

Eine spinnige Geschichte, die wir uns da ausdachten? Nun, an eine Veröffentlichung dachten wir damals nicht; Spaß hat die Sache uns jedenfalls gemacht. Was die Schüler – bewußt und unbewußt – an sprachlichen Entdeckungen dabei gemacht haben, diese Frage sollte man versuchen, selbst zu beantworten, wenn man einmal solch einen Versuch unternommen hat.

Als zweites Beispiel möchten wir die Geschichte anführen, die in *„Learning English"* für die 4. Gymnasialklasse (8. Schuljahr) als *Controlled Composition Frame* vorgeschlagen wird. Eine Gruppe von Goldsuchern befindet sich auf dem Weg nach Sacramento. Zwei Männer, John und Jack, legen dem Anführer der Gruppe dar, wie ihrer Ansicht nach einer der Zugochsen getötet worden ist. Dabei liegt den Ausführungen beider Männer derselbe Erzählrahmen zugrunde. Durch Substitution entstehen innerhalb dieses Erzählrahmens zwei Versionen eines aus verschiedenen Perspektiven gesehenen Geschehens. Haben die Schüler die zwei Versionen erstellt, so könnte nun jeder versuchen, eine weitere Version innerhalb des Erzählgerüsts zu erfinden. Hier die Geschichte:

An Ox Has Been Killed [5]

Last night (1) and I were sitting (2) and (3). Two hundred yards away from us the oxen were lying under some trees near the river. We were both very (4) because we hadn't had any (5) for (6). After some time (7) got up and said that (8) wanted to (9) (10). (11) took a (12) with (13) and went to the river. About five minutes later I suddenly heard frightened noises from the oxen. Then there was a (14) and I ran to the trees by the river. When I got there I saw (15) next to (16) lying on the ground. There was blood all over the animal's head and neck. (17) must have (18) the ox from behind and (19) it in the (20).

John's story
1 Jack; 2 in our waggon; 3 playing cards; 4 thirsty; 5 water; 6 two days; 7 I; 8 I; 9 fetch; 10 some water; 11 I; 12 bottle; 13 me; 14 crash; 15 an ox; 16 an old tree; 17 a mountain lion; 18 jumped on; 19 bitten; 20 neck

Jack's story
1 John; 2 round the fire; 3 cleaning our guns; 4 hungry; 5 meat; 6 two weeks; 7 John; 8 he; 9 look for; 10 s.th. to shoot; 11 he; 12 gun; 13 him; 14 shot; 15 John; 16 an ox; 17 John; 18 approached; 19 shot; 20 head

Die wichtigste Einsicht, die wir für die praktische Durchführung solcher Versuche gewonnen haben, ist, daß der Text, von dem man ausgeht, a) nicht zu umfangreich und b) nicht zu pointiert sein darf. Ist er zu umfangreich, so hat man Mühe, die Parallelen inhaltlich und grammatisch durchzuhalten, und ist er zu pointiert, so ist man enttäuscht, wenn man der eigenen Fassung nicht dieselbe Zuspitzung zu geben vermag, wie sie das Original zeigt.

Daß sich das Schreiben innerhalb vorgegebener Textgerüste aber nicht allein auf erzählende Kontexte zu beschränken braucht, dafür gibt A. E. Nichols in ihrem Buch „*English Syntax*" [6] noch Beispiele. Wir zitieren aus diesem Werk noch einen darstellenden Text:

The Development of the Carburetor

Since the days of the Model T, carburetors have undergone a revolution in make and design. The carburetors Henry Ford knew could be taken apart, repaired and reassembled in a few minutes. They were gravity fed; fuel got from the gas tank to the carburetor by falling. Thus if a person stalled his auto or ran out of gas on a hill, he often had great difficulties getting under way again. Today the carburetor is fed a constant supply of gasoline by a pump which is electrically or mechanically driven. This modern carburetor will operate at any normal amount of inclination. Tearing it down and rebuilding it, however, is no small job. The modern carburetor means more efficient motoring, but also means more expensive upkeep. (S. 151–152)

---

5 Learning English, A 2. Stuttgart: Klett. S. 175.

6 *Nichols, A. E.*: English Syntax – Advanced Composition for Non-Native Speakers. New York: Holt, Rinehart and Winston 1965.

Die Aufgabe dazu lautet:

Write a paragraph imitating the linguistic and logical structure of the model paragraph. (You may vary phrase patterns.) Choose... the steam engine, the box camera, means of transportation... (as subjects). (S. 153)

Für das Thema „*The Development of Jazz*" haben die Schüler von Miss Nichols folgenden Paralleltext entworfen:

Since the days of "dixieland", jazz has undergone a revolution in expression and theory. The jazz King Oliver played was born, developed and perfected in the south. It was a "black folk music"; that is, negroes played this new sort of music by instinct. Usually if a white man got a job in a dixieland band and tried to compete with the negroes, he had great difficulties performing up to their standards. Today the negroes are being outplayed by white combos and big bands which have been instructed and trained in musical theory. This modern jazz is even taught in universities and musical conservatories. Playing this jazz, therefore, is no longer a matter of instinct. Greater technical skill has created a completely new jazz, but it has also marked the end of the negroes' musical triumph – "dixieland". (S. 153)

Das mag in dieser strengen Parallelisierung unseren Schülern nicht erreichbar sein, eine sprachliche Analyse der Abschnitte mit einer Oberklasse wäre aber sicherlich eine reizvolle und fruchtbare Aufgabe. Sie würde den Schülern an diesen beiden Beispielen bewußt machen können, welche Mittel die Sprache bereitstellt, um Sachverhalte durch Gegenüberstellung und Vergleich darzulegen. Sie würde dem Lehrer zeigen, wie es für den Lernenden zunächst darauf ankommt, diese Mittel zu erkennen, bevor man ihn voreilig auffordert, sich „in eigenen Worten" zu äußern. Eine Sprache, besonders eine Fremdsprache, „stiehlt" man sich zusammen; der Lernende ist auf ein sorgfältiges Beachten sprachlicher Vorbilder angewiesen. *To learn is always to copy a lot,* so könnten wir in substitutiver Abwandlung eines Satzes von Elizabeth Bowen sagen [7].

Bescheiden wir uns also. So unbefriedigend das *Substitution Table* in seiner Urform als Grundlage für die schriftliche Arbeit sein mag – dies war der Ausgangspunkt unserer Überlegungen –, so ist es doch weiterer, elastischerer Ausformungen durchaus fähig. Eine solche elastischere Ausformung nimmt dem *Substitution Table* etwas von dem mechanischen Charakter, der ihm ursprünglich eignet, beläßt ihm aber doch den Vorzug einer in Grenzen lenkbaren Schreibübung, und damit könnte sein Grundprinzip auch auf späteren Stufen unseres Unterrichts nützlich bleiben.

---

7 Der Satz lautet im Original: „*To write is always to rave a little*".
Bowen, E.: The Death of the Heart. Penguin Book No. 1690. 1962. S. 10.

Die Unlust im Englischunterricht der Mittelstufe

„Die Unlust im Englischunterricht der Mittelstufe muß man hinnehmen wie die Frühjahrsmüdigkeit", hörte ich einmal einen Kollegen sagen. Ist es wirklich so?

Über die Schwierigkeiten, die sich aus der biologischen Reifezeit des Schülers der Mittelstufe gerade für die neueren Sprachen ergeben, wird niemand hinwegsehen. Manchmal will es aber scheinen, als ob wir die Unlust unserer Schüler etwas zu einseitig mit dem Hinweis auf diese besondere Entwicklungsphase zu erklären versuchten. Die folgenden Überlegungen möchten noch einen anderen Faktor zu bedenken geben, der an dem unbefriedigenden Zustand beteiligt sein könnte und dem wir vielleicht nicht ganz so machtlos gegenüberstehen wie dem Eingriff der Natur; ich meine den Unterrichtsgegenstand, die Sprache selbst, genauer: das, was wir von ihr und über sie lehren, und das, was wir mit ihr tun.

In den ersten drei Jahren seines Englischunterrichts, also im 11., 12. und 13. Lebensjahr, führen wir den Schüler in die Anfangsgründe der fremden Sprache ein. Diese umfassen im allgemeinen die Grundelemente folgender Grammatikkapitel:

Konjugation des Verbs, aktiv und passiv;
  einfache Form und Verlaufsform;
  starke und schwache Verben;
  transitive, intransitive und reflexive Verben
Modale Hilfsverben
Frage und Verneinung
Deklination des Substantivs
Artikel

Pronomina
Adjektiv und Adverb und
  ihre Steigerung
Zahlwörter
Präpositionen
Relativsatz
Bedingungssatz
Adverbialsatz

Es ist ein ganz beachtliches Pensum, das in den ersten drei Jahren bewältigt werden soll. Was kommt nun in der Mittelstufe von Klasse 8 bis Klasse 10 (Untertertia bis Untersekunda) noch hinzu? Das sind vor allem:
1. im Bereich des finiten Verbs die Zeitenverhältnisse in der indirekten Rede;

2. im Bereich der infiniten Verbformen (Nominalformen) die Partizipial-, Gerundial- und Infinitivfügungen.

Das sind die Hauptpunkte, in drei Jahren müßte sich das gut bewältigen lassen. Aber das dicke Ende kommt nach. Der umfänglichste Teil der Mittelstufengrammatik besteht nämlich in einer detaillierten Ergänzung, Erweiterung und Feinausfeilung fast aller im Grundkurs behandelten Spracherscheinungen. Und hierin glauben wir den andern Faktor zu sehen, der an dem unbefriedigenden Zustand des Mittelstufenunterrichts beteiligt ist.

Dem Schüler, der sich auf der Unterstufe ein begrenztes, aber tragfähiges Sprachplateau erobert hat und der sein sprachliches Steh- und Gehvermögen jetzt wohl erproben könnte und auch erproben möchte – etwa an einer längeren Lektüre –, dem verlegen verfrühte grammatische Vollständigkeitsbestrebungen auf der Mittelstufe den Weg. Eine ermüdende Schnitzeljagd durch das Gestrüpp der „Merke-aber-Grammatik" beginnt. Pflichtgemäß plagt man sich von Lektion zu Lektion, der Schilderwald mit den Gebots- und Verbotstafeln wird immer dichter, dem Schüler vergeht die Lust. Da lernt man:

Das Stützwort *(one)* steht nicht:
a) nach Possessivpronomen + *own*,
b) nach attributiv gebrauchten Grundzahlen,
c) nach *few* und *many*,
d) wenn ein Stoffname zu ergänzen ist.

Dabei kann der Schüler natürlich schon lange sagen: *This is a good apple and that's a bad one*. Spätestens acht Tage, nachdem er die obige Verbotstafel gelernt hat, wird er sich fragen, ob es nicht doch eine Gebotstafel war. Warum Falsches nennen?

Oder: Das Geschlecht des Substantivs wird auf zwei Druckseiten abgehandelt; über einhundert Besonderheiten werden dazu aufgezählt, wobei man auch nicht vergißt, zwischen gewöhnlichen Tieren, Haustieren und Tieren in Tiergeschichten zu unterscheiden. Was ist hier eigentlich falsch zu machen? Tiergeschichten schreiben unsere Schüler bestimmt keine, und im übrigen kommt man mit *it/its* glänzend aus. Und wer braucht den *cock-robin* – ja, wenn wir einmal das Lied vom Tod des armen Burschen singen sollten *(Who killed cock-robin?)*, aber dazu kommen wir ja doch nicht.

So sieht das Mittelstufenenglisch in den Lehrbüchern vielfach aus. Wer das unterrichtet, der muß an seiner eigenen Gründlichkeit zugrunde gehen, und zwar einfach deshalb, weil die Dinge in diesem Umfang nicht zu bewältigen sind. Das Verfahren bringt sich selbst um.

Aber sind es denn wir Lehrer, die an all dem die Schuld tragen? Sind es nicht vielmehr die Lehrbücher, deren Opfer wir werden? Auf die letzte Frage müßte man eigentlich antworten: Wer zum Opfer seines Lehrbuchs wird, der hat nichts Besseres verdient (Referendare ausgenommen). Ein Lehrbuch stellt die Sprache in systematischem Aufbau dar. Indem es das System der Sprache vermittelt, unterliegt es aber auch der Eigengesetzlichkeit aller Systeme, nämlich dem Bestreben nach Geschlossenheit. Die Mittelstufe bringt den Abschluß des Sprachkurses im Englischen; im Lehrbuch muß sich hier also das System der Sprache schließen. Daraus werden die angeführten Beispiele einigermaßen erklärlich. Wir mißverstünden aber die Absicht und Situation der Lehrbuchautoren, wenn wir glaubten, sie muteten uns zu, all dies buchstabengetreu zu lehren. Wenn wir uns klargemacht haben, was ein Lehrbuch ist, dann sollten wir auch einsehen, daß ein Lehrbuch niemals Unterricht halten kann oder darf, am allerwenigsten das Mittelstufenbuch. Es ist im besten Falle die beste Anregung für unseren Unterricht, auf der wir dann nach den besonderen Bedürfnissen unserer Klasse auswählend, reduzierend und methodisch verknüpfend aufbauen. Aus diesen Gründen meinen wir, daß das Lehrbuch den Unterricht begleitet, ihn aber nicht bestreitet.

Was uns als Lehrer bei unserer Arbeit letztlich leiten muß, das ist der Wunsch, daß die Schüler zu einem sicheren, wenn auch begrenzten Sprachkönnen gelangen. Dies ist aber nur möglich, wenn wir das sprachliche Selbstvertrauen unserer Schüler durch lebendigen und selbstverständlichen Gebrauch der fremden Sprache stärken und es nicht aus ängstlichem Vollständigkeitseifer heraus mit irritierenden Ausnahmeparagraphen untergraben.

Wenn wir uns einig sind, daß es nicht um die vollständige Beschreibung der sprachlichen Erscheinungen gehen kann, was ist dann zu tun, um dem Schüler das nötige sprachliche Stehvermögen und Selbstvertrauen zu geben?

Ich glaube, daß wir – vor allem zu Beginn der Mittelstufe – einen erhöhten Umsatz bereits bekannter Sprachstrukturen erstreben sollten, damit das auf der Unterstufe Gelernte zur festen Sprachgewohnheit wird. Vieles vom Englisch der Mittelstufe darf *grammar for recognition* bleiben; die Elemente der Unterstufe dagegen gehören der *grammar for use*[1] an und müssen ständig bewegt werden.

Wie aber ist dies zu erreichen? Unser Vorschlag wird zunächst recht konventionell klingen. Wir sehen nämlich in ausgedehnter Lektüre die Möglichkeit zur Verwirklichung unseres Ziels. Dies wollen wir in Abschnitt 1 bis 3 begründen. In Abschnitt 4 zeigen wir dann an einem praktischen Beispiel, wie wir uns die Lektürearbeit mit einer Mittelstufenklasse vorstellen.

---

[1] Die beiden Begriffe stammen von *Michael West* (Learning to Read a Foreign Language. London: Longmans 1960[5]. S. 88).

1. Wenn wir einen erhöhten Umsatz der Grundelemente der Sprache fordern, so tun wir dies deshalb, weil wir glauben, daß Umfang und Charakter der Lektionen die Eingewöhnung der elementaren Strukturen nicht gewährleisten können. Ein Lektionstext muß ja zwei Fliegen mit einem Schlag treffen: er muß ein neues grammatisches Kapitel und ein neues Vokabular von ca. 80 Wörtern einführen. Es ist dabei unvermeidlich, daß die vielen neuen Wörter immer wieder den Blick auf die neue Grammatik verstellen oder daß umgekehrt über der neuen Grammatik die Wortschatzarbeit zu kurz kommt [2]. Als Ausweg bleibt dann häufig nur das freudlose Eintrichtern von Wörtern und Grammatikregeln in Isolierung voneinander. Gerade das aber können wir nicht wollen, weil es der Sprachwirklichkeit widerspricht und den lebendigen Sprachgebrauch behindert. Der Schüler, der im mündlichen Abitur das -s in der 3. Person sg., *Simple Present Tense,* hartnäckig vergißt, obwohl er auf Anhieb die Regel über Bildung und Gebrauch dieses Tempus hersagen kann, steht uns als beredter Beleg für die Gefahren eines solchen Unternehmens vor Augen. Mit dem Begreifen und Wissen ist in diesen Dingen wenig geleistet, erst die Übung im Gebrauch bringt die Beherrschung, sichert das Können. Derartige Fehler können wir nur dadurch verhindern, daß wir Auge und Ohr des Schülers intensiv diesen elementaren Dingen aussetzen. Wo anders ginge das aber besser als bei einer ausgedehnten Lektüre, die dem Schüler bei geringer Dichte an neuen Vokabeln die Grundstrukturen der Sprache in ständig wechselnden Situationen vorführt?

2. Man wird vielleicht einwenden: Recht und gut, aber ist es nicht so, daß die Texte, die in den Grundelementen der Sprache verfaßt sind, meist für eine Klassenlektüre auf der Mittelstufe nicht in Frage kommen, weil sie inhaltlich zu kindlich sind, und daß andererseits bei den Texten, die inhaltlich angemessen wären, der Vokabelanhang oft denselben Umfang hat wie die Texte selbst? Wem verginge da nicht die Lust?

Zugegeben, dieser Einwand trifft für viele Mittelstufenlektüren deutscher Schulbuchverlage zu: es sind entweder Geschichten für 6–8jährige Kinder, oder es sind Auszüge aus englischen Jugendbüchern mit viel zu hohem Steilheitsgrad, besonders im Vokabular. In keinem der beiden Fälle aber haben wir das, was wir suchen: die Lektüre, die einen 14–16jährigen inhalt-

---

2 Einen Weg, um diese Schwierigkeit zu vermeiden, schlägt *„Learning English"* (Stuttgart: Klett) ein: hier wird am Ende einer jeden Lektion versucht, das neue grammatische Pensum der nächsten Lektion am vertrauten Vokabular vorzustellen, damit die Behandlung des neuen Lektionstextes von der Doppelaufgabe entlastet wird.

lich fesselt, geschrieben in einer Sprache, die dem eines 6–8jährigen englischen Kindes entspricht.

Gibt es das? Ja, und zwar bei verschiedenen Verlagen, etwa bei Longmans, Macmillan, Oxford University Press u. a. Diese Verlage bringen *graded simplified texts* heraus.

a) Diese Texte haben eine genau gestufte *(graded)* Vokabeldichte. (Bei Longmans etwa beginnen die einfachsten Texte mit einer Vokabeldichte von 450 Wörtern; die weiteren Stufen gehen dann von 750 Wörtern zu 1000, 1400, 1800, 2000, 2300, 2500 und 3000 Wörtern. Die Auswahl der Wörter erfolgt nach den bekannten Häufigkeitszählungen von Thorndike und West.)

b) Sie bewegen sich innerhalb festgelegter elementarer Grammatikstrukturen.

c) Sie bieten einen für den Mittelstufenschüler inhaltlich gemäßen Lesestoff [3].

---

3 Für eine rasche Übersicht über die greifbaren Titel ist besonders der Longmans-Katalog „*Books in Easy English*" zu empfehlen (ca. 150 Titel). Er ist über jede Buchhandlung zu beziehen oder von Langenscheidt – Longman, 8000 München 23, Neußer Straße 3.

Kurz vor Fertigstellung dieses Aufsatzes ist mir noch ein Artikel zur Kenntnis gekommen, in dem von amerikanischen *simplified texts* berichtet wird. Die Vokabelstufungen der amerikanischen *Ladder Series* gehen von 1000 Wörtern über 2000, 3000, 4000 zu 5000 Wörtern. Die *Ladder Series* wird nicht von einem Verlag allein herausgegeben. „*Although many publishers are now producing these editions, uniform word lists have been adopted by all at each word level.*" Die Wortlisten kann der Lehrer vom jeweiligen Verlag anfordern. Hier einige Titel und Verlage: (1000-Wort-Stufe) *Lee, B.:* John F. Kennedy, Boy, Man, President. Fawcett; *Melville, H.:* Billy Budd. Popular Library; (2000-Wort-Stufe) *James, H.:* The Turn of the Screw. Popular Library; *Harte, B.:* Golden Trails: Selected Short Stories. Popular Library. Zu beziehen über Feffer & Simmons, Inc., 31 Union Square, New York, N.Y. 10003.

Vgl. *French Allen, V.:* The Ladder Series and the Learning of English. English Teaching Forum. Vol. IV. No. 1 (Spring 1966). S. 13–18. Information Center Service of the US Information Agency, D. C., USA.

Miss *Allen* (Teachers' College, Columbia University) betont in ihrem Aufsatz (S. 14) noch besonders den kultur- und sozialkundlichen Wert dieser Texte. „The Ladder Books offer a practical means of introducing the reader to many of the life situations in which English operates for native speakers. The reader learns what English-speaking people do in certain situations, how they express what they think and feel. In this way, the reader learns much of what English-speaking persons learn while they are growing up among native speakers of the language."

Die Texte sind zum Teil speziell für diese Reihen verfaßt, zum Teil handelt es sich auch um sprachlich vereinfachte *(simplified)* Fassungen bekannter Werke (z. B. *„Huckleberry Finn"; „David Copperfield"* usw.). Wenn wir bedenken, daß der Wortschatz eines Untertertianers (4. Lehrjahr Englisch) ungefähr 3000–4000 Wörter umfaßt, so wird klar, daß uns in den *graded simplified texts* ein großes Reservoir altersgemäßer Lektüren zur Verfügung steht, das unseren Anforderungen an den Steilheitsgrad der Texte (= Zahl der neuen Wörter pro 100 Wörter Text) auch bei schwächeren Klassen gerecht wird. Lektionstexte in den Lehrbüchern haben durchschnittlich einen Steilheitsgrad von 10–15 %; bei den *simplified texts* werden wir Texte auswählen, die einen Steilheitsgrad von ca. 3–4 % für unsere Schüler bieten. Bei einer solch geringen Dichte an neuen Vokabeln macht das Lesen Freude. Hier können sich die grammatischen Grundstrukturen festigen, weil hier ausgedehnte Lektüre getrieben werden kann.

Und bedenken wir auch die psychologische Seite: Wenn wir den Schülern zu der Zeit, da sie den größten Lesehunger entwickeln und Gedrucktes in Mengen verschlingen, mit leicht lesbaren und spannenden Lektüren entgegenkommen, so nützen wir eine psychische Bereitschaft bei ihnen aus und setzen diese Bereitschaft methodisch für unsere Zwecke ein.

3. Manche Kollegen werden vor *simplified texts* zurückschrecken. Ja, der nordrhein-westfälische Lehrplan nimmt sogar eindeutig Stellung gegen sie: „Sprachlich vereinfachte Fassungen von Werken der Literatur kommen als Klassenlektüre nicht in Betracht."[4] Für die Oberstufe (11.–13. Schuljahr) stimmen wir dieser Ansicht voll zu; eine Interpretation von Gehalt und Gestalt des Sprachkunstwerks verlangt selbstverständlich, daß der Text unangetastet bleibt. Für die Mittelstufe, wo es uns vor allem um den Spracherwerb geht, möchten wir diese Meinung nicht gelten lassen. Nehmen wir ein praktisches Beispiel, etwa *„The Adventures of Huckleberry Finn"* von Mark Twain. Die meisten Jungen werden dieses Buch zwischen 12 und 15 Jahren einmal lesen. Die Alternative heißt dann hier: entweder die Übersetzung des Originals oder die vereinfachte englische Fassung. Wer die künstlerische Sprachform des Originals unangetastet sehen will, der vergleiche einmal das Original mit Übersetzung und *simplified text*. Uns will scheinen, daß der *simplifier* dem Text weniger Gewalt anzutun braucht, als es der Übersetzer *(nolens volens)* tun muß, schon deshalb, weil er die Sprache wechselt. Zugespitzt könnten wir auch sagen: Mehr Schaden als

---

[4] Richtlinien für den Unterricht an Höheren Schulen; Englisch. In: Die Schulen in Nordrhein-Westfalen, eine Schriftenreihe des Kultusministeriums. Heft 8-I. Düsseldorf 1964. S. 2.

eine der landläufigen Übersetzungen richtet der *simplified text* bei unseren Schülern bestimmt nicht an – der Vorteil des vereinfachten englischen Textes wäre dann freilich immer noch, daß wir einen Gewinn für unser Englisch aus der Sache gezogen hätten. Und das wäre doch etwas.

4. Nun zur praktischen Seite unserer Überlegungen. Einer der Hauptgründe, warum manche Kollegen nicht gerne Lektüre treiben, ist, glaube ich, der, daß sie meinen, die grammatische Arbeit in der Klasse müsse während dieser Zeit brachliegen. Literatur, so sagt man, sei eines, Sprachlehre ein anderes, *and never the twain shall meet.* Muß man die Dinge wirklich so getrennt voneinander sehen? An der Universität zeichnen sich seit Jahren Bestrebungen ab, Linguistik und Literaturwissenschaft einander näher zu rücken. Die Schule könnte von einer solchen Annäherung der beiden Disziplinen profitieren.

Wenn wir jetzt noch Beispiele von der praktischen Arbeit an einem *simplified text* geben, dann ist es dabei unser Ziel, zu zeigen, wie inhaltliche Erschließung und sprachliche Auswertung des Textes miteinander verbunden werden können. Die fremdsprachliche Konversation über den Text soll als ein grammatisch gelenktes Gespräch geführt werden, d. h. ein Gespräch mit eindeutiger sprachlicher Zielsetzung, das neben einer einfachen interpretatorischen Erarbeitung des Inhalts gleichzeitig die Eingewöhnung von elementaren Strukturen erreichen will.

Den Beispielen liegt die Behandlung von Mark Twains „*Adventures of Huckleberry Finn*" an einer 8. Klasse (4. Lehrjahr Englisch) zugrunde [5].

Soll eine fruchtbare sprachliche Auswertung der Lektüre gelingen, so muß eine sprachliche Analyse des Textes vorausgehen. Der Lehrer muß sich im klaren sein, welche sprachlichen Elemente die zu behandelnde Textstelle konstituieren, damit er dem Unterrichtsgespräch ein klares sprachliches Ziel geben kann.

Dem folgenden Text aus „*Huckleberry Finn*" geht voraus, daß Huck von seinem Vater, Mr Finn, in einer Hütte im Wald eingeschlossen worden ist. Huck faßt nun den Plan auszubrechen. Er will seine Flucht so einrichten, daß man annehmen muß, er sei in der Hütte ermordet und seine Leiche sei in den nahen Mississippi geworfen worden.

"I broke in the door with the axe. I carried the pig in, made a cut in its throat with the axe, and laid it on the floor to bleed. I put a lot of stones in an old bag and dragged it from the pig down to the river, where I threw it in. You could

---

5 *Twain, M.:* The Adventures of Huckleberry Finn (simplified to the level of the 2000 root words of Michael West's *"General Service List of English Words"*). Longmans' Simplified English Series. London 1958. 125 S.

easily see that something had been dragged over the ground. I covered the axe with blood, pulled out some of my hair and stuck it on the back of the axe, which I threw in the corner. I dropped the pig in the river. Now I thought of something else. I brought the bag of flour from the canoe to the hut and set it where it used to stand. After tearing a hole in the bottom of the bag, I carried it across the grass to a shallow lake. There was a stream leading out of the other side of the lake that didn't flow into the river. The flour, pouring out, made a little track all the way to the lake. I tied up the flour bag with a piece of string and took it to the canoe again.

I said to myself: They'll follow the track of that bag of stones to the bank and drag the river for me. They'll follow the flour track to the lake and go searching down the stream to find the robbers who killed me and stole the things. They won't search the river for anything but my dead body. They'll soon get tired of that and won't bother any more about me. All right; I can stay anywhere I want. Jackson's Island is good enough for me; I know it pretty well, and nobody ever goes there.

It was nearly dark now. I was tired, and fell asleep. When I woke up I heard a sound, the dull regular sound that comes from oars working on a still night. There was a boat, away across the water. It kept coming. There was only one man in it – father. I could have touched him with the gun as he went by. The next minute I was gliding downstream." (S. 23 und 24)

Der erste Abschnitt berichtet von Hucks Fluchtvorbereitungen. Huck schildert sein Tun Zug um Zug: die Verben, meist im *Simple Past Tense, Active*, bilden eine *action chain*, sie sind das tragende sprachliche Element: *I broke in...I carried...made a cut...laid...I put...dragged...I threw...could easily see...had been dragged...I covered...pulled...stuck...I threw... I dropped...I thought...I brought...set...After tearing...I carried... made a little track...I tied up...took...*

Der zweite Abschnitt ist ebenfalls sinnbestimmt durch das verbale Element. Hier sind es aber nicht *Past*-Formen, sondern Futurformen, die im Vordergrund stehen: *They'll follow...('ll) drag...They'll follow...('ll) go searching... They won't search... They'll soon get tired... won't bother.*

'll und *won't* stehen hier zum Ausdruck einer Vermutung[6] – Huck stellt sich hier im Geiste vor, wie man auf sein Verschwinden reagieren wird. Im dritten Abschnitt sehen wir, wie Hucks Vater zurückkommt. In wenigen Augenblicken wird er an Land sein und vor der Hütte stehen. Die Ich-Erzählung aber folgt Huck auf seiner Fahrt flußabwärts und muß daher die Szene von der Entdeckung der verwüsteten Hütte durch Mr Finn aus-

---

[6] Vgl. Hornby, A. S.: A Guide to Patterns and Usage in English. London: Oxford University Press 1960. § 116 g.

sparen. In dieser „Lücke" der Erzählung finden wir den Ansatzpunkt für unser Gespräch. Wir überlegen uns, was Hucks Vater bei seiner Rückkehr alles sehen wird.

L. Now Mr Finn is coming back from town; he'll soon see some very strange things, won't he? What do you think he'll see?

Diese Frage bezweckt zweierlei: Sie will eine inhaltliche und sprachliche Bestandsaufnahme des ersten und zweiten Abschnitts erreichen, und sie will dabei durch die Wahl einer bestimmten Perspektive, nämlich der Mr Finns, aus den Schülern eine ganz bestimmte grammatische Form herausreizen, die sie ihren Antworten geben müssen. Wenn wir nämlich fragen, was Mr Finn alles sieht, dann können die Schüler nicht einfach den Text nacherzählen. Mr Finn weiß ja nicht, wer oder was die Verwüstung in der Hütte angerichtet hat – ein Mensch? ein wildes Tier? Der Täter ist unbekannt, daher ist für diese Bestandsaufnahme das Passiv zu benützen. Inhaltlich aber müssen die Schüler aus der *action chain* diejenigen Verben auswählen, die die sichtbaren Ergebnisse von Hucks Handlungen festhalten.

L. Now Mr Finn is coming back from town; he'll soon see some very strange things. What do you think he'll see?
S. He'll see that...
...the door of his hut has been broken in with an axe.
...the axe has been thrown in a corner.
...the axe has been covered with blood and hair.
...the flour bag has been torn open.
...the flour has been carried to the lake.
...something has been dragged over the ground down to the river.
...something has been dropped in the river.

Das Wortmaterial für die Beiträge der Schüler stellt der Text bereit. Was von den Schülern verlangt wird, ist, daß sie die situationsgemäße sprachliche Form, das *Present Perfect, Passive,* finden und bilden – ein Stück grammatisch gelenkten Unterrichtsgespräch, das gezielt elementare Strukturen übt, ohne daß der Kontext der Lektüre dabei verlassen wird.

Auf die Handlungskette der Fluchtvorbereitungen *(Simple Past, Active)* folgen im zweiten Abschnitt Hucks Überlegungen, welche Folgen sein Verschwinden haben wird *(Simple Future, Active).* Jetzt erst wird klar, welcher Sinn hinter Hucks merkwürdigen Aktionen steckt: sie sollen ganz bestimmte Handlungen bei denen auslösen, die an den „Tatort" kommen. Um diese Erkenntnis sprachlich ausdrücken zu können, brauchen wir die Struktur: *He did this so that... (Adverbial Clause of Purpose).*

68 *Die Unlust im Englischunterricht der Mittelstufe*

L. (an das obige Gespräch anknüpfend): Of course we know that Huck is behind all this; he has done all those things. But tell me: Did Huck drag those stones down to the river so that he could take them with him in his boat? (Die Fangfrage bietet die grammatische Struktur des Adverbialsatzes des Zwecks an.)
S. No, he did this so that...
   ...they would follow the track to the bank of the river.
   ...they would drag the river for him.
   ...they would search the river for his dead body.
L. Why did he tear a hole in the bag of flour and carry it to the lake?...
S. He did this so that...
   ...they would follow the flour track.
   ...they would go searching down the stream, too.
   ...they would look for the robbers there, too, and not only along the Mississippi.

Wieder finden die Schüler das Wortmaterial für ihre Antworten im Text. Sie hatten es aber in einen Adverbialsatz des Zwecks einzubauen und die Tempusangleichung *(He did this so that they would follow...*Text: *They'll follow...)* vorzunehmen. Den Adverbialsatz rief die Form der Lehrerfrage in Erinnerung, die Regel von der Tempusangleichung („vorn *Past* – hinten *Past*") gehört zum eisernen Mittelstufenbestand; sie sollte hier ebenfalls wieder geübt werden.

Die nächste Frage, die wir uns stellten, war: *What could Mr Finn do now?* Schüler: *He could go back to town and tell the Judge or the people.* (Zehn Seiten später hören wir, daß Mr Finn tatsächlich in die Stadt gegangen ist. Eine Frau erzählt dort: *He came to town the morning after the murder and told about it.* Mehr erfahren wir darüber aber nicht.)

L. What do you think he told the people in town?
S. The door of my hut was broken in with an axe.
   My son was killed in the hut.
   He was hit on the head with an axe.
   The bloody axe was thrown into a corner of the hut.
   Huck's body was dragged down to the bank and thrown into the river.
   A bag of flour was stolen.
   It was carried across the grass to a lake.
   All my food was stolen and my whisky, too.

Bei dieser zweiten Bestandsaufnahme (für die schwächeren Schüler) im *Simple Past, Passive,* nehmen wir nun an, daß Hucks Verwüstung der Hütte die beabsichtigte Wirkung getan hat: Mr Finn glaubt an einen Raubmord. Dadurch kommen weitere Verben aus dem ersten Abschnitt in das Unterrichtsgespräch. Wozu werden die Leute sich entschließen, wenn sie Mr Finn angehört haben? Die Vermutungen, die die Schüler dazu äußern

(*They might... I suppose, they'll...* : engl. Verb oder Hilfsverb = dt. Adverb: vielleicht/vermutlich), leiten dann über zur nächsten Episode, dem Aufkreuzen des Suchboots auf dem Mississippi.

S. They might   not believe Mr Finn.
   The Judge might   think that Mr Finn killed his son himself.
   I suppose they'll   arrest Mr Finn.
                              put Mr Finn in prison.
                              go to the hut with Mr Finn.
                              look for Huck's body in the river.

Mit diesen Beispielen wollten wir zeigen, wie die inhaltliche Erschließung eines Lektüretextes, d. h. hier die Kontrolle des Verständnisses der Vorgänge und ihrer Zusammenhänge, sich durchaus mit einer straffen sprachlichen Arbeit verbinden läßt. Die fremdsprachliche Konversation kann mit etwas philologischem Spürsinn aus der sprachlichen Unverbindlichkeit, die man ihr oft vorwirft, gelöst werden und zu einem grammatisch gelenkten Unterrichtsgespräch gestaltet werden, ohne daß dadurch Freude und Lust am Lesen Schaden erlitten. Stets bewegen wir uns ja im Kontext unserer Lektüre, malen uns aus, was geschehen wird, was geschehen könnte, hoffen, daß unser Held es schafft und sein Gegenspieler nicht alles vereiteln wird, sind gespannt, ob das Unternehmen klappt, und erleichtert, wenn es gelungen, mit einem Wort: wir gehen als Menschen mit der Sprache um, nicht als Schulmeister. Wir leben mit der Sprache, weil wir in der Sprache etwas erleben. Wie die Beispiele deutlich gemacht haben, liegt es nur an der Aufmerksamkeit des Lehrers, daß er den sprachlich fruchtbaren Ansatzpunkt für das Unterrichtsgespräch findet: dann ist kein Mangel mehr an Grammatik, an lebendiger Grammatik.

    Wie gut oder wie schlecht unser Unterricht ist, das hängt mit von der Frage ab, was wir mit der Sprache tun, was wir mit ihr anzufangen wissen. Sortieren und sezieren wir sie nach Ausnahmen und Sonderfällen, oder ist uns die Sprache ein Schlüssel, mit dem wir uns ein neues Stück Welt erschließen? Strengen wir also unsere Phantasie etwas an: auf der Mittelstufe brauchen wir sie mehr als anderswo. Vielleicht ist sie das Mittel gegen die Unlust.

To simplify or not to simplify?

Kriterien und Verfahren
für die Erstellung von simplified texts

Daß im Englischunterricht neben der Lehrbucharbeit auch die Lektüre zu ihrem Recht kommen soll, darüber besteht unter Anglisten heute wohl Einigkeit.
 Die grundsätzliche Bereitschaft zur Lektüre findet sich aber oft durch die unbefriedigenden Erfahrungen mit den gängigen Lektüreheften auf eine unbillige Probe gestellt. Es ist die ärgerliche Diskrepanz zwischen inhaltlicher und sprachlicher Angemessenheit der Texte, die die Lektürearbeit häufig so unerfreulich macht. Besonders bei den Unter- und Mittelstufenlektüren fällt diese Diskrepanz ins Auge. Sehen wir uns den Anfang einer Lektüre an, die nach Angabe des Verlagsprospekts für das vierte Lernjahr gedacht ist:

A Doctor at the Time of the Plague
Doctor Joseph Harrington lived with his family, two servants, and the dog, Domino, in a tall, half-timbered house in the City of London. This was the oldest part of London, encircled by city walls since the Middle Ages. But since then many people had built houses outside the walls; and by 1665 London numbered half a million inhabitants. This meant it was a very large town for the time, although only a twelfth of the size of London today.
 One day, in the middle of April 1665, the doctor woke as usual to the sound of early street cries. He could hear women crying their wares of fruit, eggs, and poultry brought in from the country; and there were handymen crying out that they would chop wood and do odd jobs. Soon the doctor's servant, William, would go out and hire a man to chop wood for the household, and William's wife, Betsy, would go out to buy eggs.
 William brought his master a clean shirt, and the doctor began to dress. He put on a shirt, stockings, knee breeches, a cravat, and a long coat. He also put a wig on his close-cropped head, for this was the fashion for well-to-do men.
 His first duty was to attend his surgery, in a dark room on the ground floor of his house. He kept his drugs and other medicines in bottles on shelves at the back of the room. They were made from such plants as angelica, rue, veronica, scabious, pimpernel, and gentian. There were also ivy and juniper berries, and yeast. At this

time scientists were beginning to find out more and more about the human body and its diseases; but medicines were still made up from old recipes which seem very fanciful today. A few even contained frog's flesh or adder's flesh and other strange things...[1]

Man nehme einen Bleistift zur Hand und unterstreiche einmal die Stellen, an denen eine Untertertia vermutlich hängenbleiben wird. Für meine Klasse habe ich mir unterstrichen:

half-timbered/street cries/women crying their wares of fruit/poultry/handymen/ crying out that they *would* chop wood – soon William *would* go out/odd jobs/knee breeches/wig/close-cropped head/attend his surgery/drugs/angelica/rue/veronica/ scabious/pimpernel/gentian/ivy/juniper berries/yeast/fanciful/adder's flesh

Die Liste mag für die eine Klasse etwas kürzer, für die andere noch länger ausfallen – auf rund 20 *trouble spots* wird man aber wohl kommen. Das Wörterverzeichnis am Ende des Heftchens ist noch pessimistischer: es führt 33 Wörter für diese Stelle auf. Dabei wird dort das schwierige Nebeneinander von *would* als *Future in the Past (handymen crying out that they would chop wood)* und von *would* als Mittel zur Beschreibung einer gewohnheitsmäßigen Handlung in der Vergangenheit *(soon...William would go out)* noch nicht einmal erwähnt.

Inhaltlich ist die Geschichte eines Arztes im pestverseuchten London des 17. Jahrhunderts für 14jährige von hohem Interesse, sprachlich aber sind die Schüler überfordert. Nach Abzug der Illustrationen bleibt bei diesem Lesebogen ein Text von ungefähr 19 Seiten; dem steht ein Anhang von 14 Seiten Vokabeln gegenüber. An ein zügiges Lesen in der Klasse ist hier nicht zu denken; man muß das Büchlein wie eine Lektion behandeln. Damit wird aber die Lektüre zur bloßen Verlängerung des Lehrbuchs. Verpufft ist die Freude, die das Unternehmen hätte wecken sollen, die beflügelnde Freude, die man erlebt, wenn man zum erstenmal ein fremdsprachliches Büchlein ohne Stocken und ganz in den Inhalt versunken in sich aufzunehmen vermag; verpufft auch ist Kraft und Wille, ein solches Unterfangen jemals wieder zu beginnen. Muß das sein?

Wir haben schon an anderer Stelle[2] ausgeführt, daß uns mit den *graded simplified readers* einiger Verlage die Möglichkeit an die Hand gegeben ist, inhaltlich wie auch sprachlich angemessene Lektüre für unsere Schüler

---

1 *Hawke-Genn, J.:* A Doctor at the Time of the Plague. Frankfurt a. M.: Diesterweg 1965. S. 3–4.
2 Vgl. S. 63.

auszuwählen. Wir wollen nun an einigen Beispielen untersuchen, welche Prinzipien jenen Textvereinfachungen zugrundeliegen. Zu diesem Zweck vergleichen wir zunächst einmal einen Originaltext mit einer *simplified version*.

Der Originaltext ist als Lektüreheft für die Mittelstufe im Verlag Hueber, München, erschienen; die vereinfachte Fassung desselben Textes wurde vom Ernst Klett Verlag, Stuttgart, in der Reihe „*Easy Readers*" [3] herausgebracht.

Oscar Wilde, The Canterville Ghost

Huebers Fremdsprachliche Texte, Nr. 77

1. When Mr Hiram B. Otis, the American Minister, bought Canterville Chase, everyone told him he was doing a very foolish thing, as there was no doubt at all that the place was haunted.

---

[3] Die „*Easy Readers*" sind in vier Gruppen nach Schwierigkeitsgraden gegliedert: Gruppe A enthält einen Wortschatz von 500 Grundwörtern des Englischen, Gruppe B 1100 Wörter, Gruppe C 1800 Wörter, Gruppe D 2400 Wörter.

Gruppe A	O. Wilde	The Canterville Ghost
	A. C. Doyle	The Speckled Band
	R. L. Stevenson	The Bottle Imp
	G. Vickers	The Deer Stealers
	N. Hawthorne	The Great Stone Face
Gruppe B	D. Defoe	Captain Singleton
	M. Twain	Tom Sawyer
	R. Wright	Black Boy
Gruppe C	J. London	The Call of the Wild
	A. C. Doyle	The Hound of the Baskervilles
	R. L. Stevenson	Treasure Island
	G. Greene	The Third Man
	J. Steinbeck	The Pearl
	N. Shute	Pastoral
Gruppe D	R. L. Stevenson	Dr. Jekyll and Mr. Hyde
	—	An Anthology of English Humour
	E. Hemingway	Two Stories
	W. S. Maugham	Cosmopolitans
	J. Hilton	Good-bye Mr. Chips
	D. L. Sayers	Murder Must Advertise
	D. H. Lawrence	The Fox
	A. Sillitoe	The Loneliness of the Long-Distance Runner

2. Indeed, Lord Canterville himself, who was a man of the most punctilious honour, had felt it his duty to mention the fact to Mr Otis when they came to discuss terms.[4]

Klett, Easy Readers, Stufe A

1. When Mr Hiram B. Otis, the American Minister, bought Canterville Chase, everyone told him that it was not a very wise thing to do because it was well-known that there was a ghost in the place.
2. Lord Canterville had felt that he must tell Mr Otis about it when he came to talk about the price.[5]

Die vereinfachte Fassung nähert die Konstruktion der zwei Sätze einander an, indem sie jeweils den mit *that* eingeleiteten Objektsatz nach dem Prädikat im Hauptsatz wählt:

everyone told him he was doing...	everyone told him that it was...
Lord C.... felt it his duty...	Lord C. had felt that he must...

Vor allem im zweiten Satz, wo die Ergänzung *(his duty)* zum Objekt *(it)* auf diese Weise umgangen wird, dürfte dies als Erleichterung empfunden werden. Statt der etwas literarischen Konjunktion *as (as there was no doubt)* setzt die vereinfachte Fassung *because (because it was well-known)*. Weiter wird:

foolish	zu: not wise
he was doing a very foolish thing	it was not a very wise thing to do
there was no doubt at all	it was well-known
the place was haunted	there was a ghost in the place
Lord C. felt it his duty to mention the fact to Mr O.	Lord C. felt that he must tell Mr O. about
to discuss terms	to talk about the price

Die Änderungen betreffen also die Grammatik wie auch die Lexik. Außerdem fällt auf, daß der nicht notwendige Relativsatz *(who was a man of the most punctilious honour)* im zweiten Satz weggelassen wurde: eine inhaltliche Retusche, die aber auch eine deutliche sprachliche Erleichterung bewirkt, wird doch das Gefüge des Satzes dadurch übersichtlicher und damit leichter lesbar.

Vergleichen wir noch die beiden Fassungen des nächsten Abschnittes:

Originalfassung

3. "We have not cared to live in the place ourselves", said Lord Canterville, "since my grand-aunt, the Dowager Duchess of Bolton, was frightened into a fit, from which she never really recovered, by two skeleton hands being placed on her

---

[4] a. a. O., S. 3 (die Numerierung der Sätze wurde von mir vorgenommen).
[5] a. a. O., S. 5.

shoulders as she was dressing for dinner, and I feel bound to tell you, Mr Otis, that the ghost has been seen by several living members of my family, as well as by the rector of the parish, the Rev. Augustus Dampier, who is a Fellow of King's College, Cambridge.

4. After the unfortunate accident to the Duchess, none of our younger servants would stay with us, and Lady Canterville often got very little sleep at night, in consequence of the mysterious noises that came from the corridor and the library." [6]

Vereinfachte Fassung

3. "I must tell you, Mr Otis", he said, "that many living people have seen the ghost, and that we do not want to live at Canterville Chase any longer.
4. He almost scared the life out of my sister by putting his hands on her arms while she was dressing.
5. After that none of our younger servants would stay with us in the castle, and Lady Canterville often got very little sleep at night because of the sounds that came from the corridor and some of the rooms."[7]

Die Eingriffe werden hier noch deutlicher sichtbar. Das komplizierte Gefüge des dritten Satzes wird in zwei kürzere Sätze aufgelöst (Satz 3 und 4 der vereinfachten Fassung). Wie in den beiden Eingangssätzen sind auch hier seltene Wörter und Wendungen durch gebräuchlichere ersetzt *(I feel bound to/I must; in consequence of/because; library/other rooms)*. Weiterhin fällt auf, daß aus *my grand-aunt, the Dowager Duchess of Bolton* einfach *my sister* geworden ist und der *rector of the parish, the Rev. Augustus Dampier, who is a Fellow of King's College, Cambridge,* ganz gestrichen wurde. Der Grund dafür ist leicht einzusehen: sowohl die *Dowager Duchess of Bolton* wie auch der *Rev. Augustus Dampier, Fellow of King's College,* würden historische und gesellschaftskundliche Erklärungen nötig machen, die das zügige Lesen aufhalten müßten. Da eine Kenntnis dieser Dinge für den Fortgang der Handlung aber unerheblich ist, braucht man den Schüler an dieser Stelle nicht damit zu belasten.

Die beiden zitierten Abschnitte umfassen im Original rund 180 Wörter, in der vereinfachten Fassung rund 140 Wörter. Das Lektüreheft mit dem Originaltext gibt in seinem Vokabelanhang 24 Wörter zu dieser Stelle an; das entspricht einem Steilheitsgrad von 13 Prozent (= 13 neue Wörter auf 100 Wörter Text). Der „*Easy Reader*" dagegen kommt mit vier Wortangaben aus; das entspricht einem Steilheitsgrad von rund 3 Prozent. Eine solch kleine Zahl von Vokabeln läßt sich gut am Seitenrand unterbringen – was wiederum das zügige Lesen erleichtert.

---

6   a. a. O., S. 3.
7   a. a. O., S. 5–6.

Unser Beispiel hat gezeigt, wie der Text aus der Reihe „*Easy Readers*" in dreifacher Weise vereinfacht ist, nämlich

1. vokabelmäßig,
2. grammatisch,
3. inhaltlich.

Neben der Frage nach dem, was bei der Vereinfachung verlorengeht, ergibt sich noch grundsätzlich das Problem, was denn als einfach oder als einfacher gelten kann. Anders ausgedrückt: woher nimmt der *simplifier* seine Kriterien bei der Herstellung des Textes?

Was den Inhalt anbetrifft, so wird er sich hier von psychologischen Gesichtspunkten leiten lassen. Er wird sich fragen: Was ist der Altersstufe gemäß? Was interessiert 13–16jährige? Man sollte ihm raten, den Handlungsgang so übersichtlich und fesselnd wie möglich herauszupräparieren und alles Beiwerk – Geschichtliches, Kultur-, Landes- und Fachkundliches, Philosophisches, Literarisches, Psychologisierendes –, das nicht in direktem Zusammenhang mit der Handlung steht, tunlich zurückzudrängen: diese Dinge müssen wir weitgehend auf der Verlustliste abbuchen. Außerdem wird die Länge des Textes zu bedenken sein. Längere Werke müssen aus unterrichtspraktischen wie psychologischen Gründen auf einen bewältigbaren Umfang beschnitten werden. Grundsätzlich handelt es sich bei all diesem um Entscheidungen, die der *simplifier* von Mal zu Mal neu zu treffen hat.

Anders steht es, so möchte man vermuten, bei den sprachlichen Vereinfachungen. Hier liegen seit den *word frequency counts*, den Worthäufigkeitszählungen, zumindest im Gebiet der Lexik verbindlichere Vorstellungen darüber vor, was als einfach oder besser, was als grundlegend zu gelten hat. Allerdings, ohne Problematik sind auch die Ergebnisse der *frequency counts* nicht. Wir wollen versuchen, diese Problematik kurz anzudeuten.

Bei dem Versuch, das Erlernen eines fremdsprachlichen Vokabulars so rationell wie möglich zu gestalten, bemerkte man sehr rasch, daß es zu diesem Zweck mit einem Auszählen der absolut häufigsten Wörter einer Sprache nicht getan ist. Da man nicht alle Zeugnisse der Sprache auszählen konnte, mußte man stets eine Auswahl treffen, und Zufälligkeiten der Quellenauswahl waren es offenbar, die den statistischen Wert der Wortlisten zunächst beeinträchtigten. Man versuchte, dies dadurch zu korrigieren, daß man den Gesichtspunkt der Verwendungsbreite *(range* oder *distribution)* in die Überlegungen aufnahm: die absolute Häufigkeit einer bestimmten Bedeutung eines Wortes sollte noch in Relation zu der Häufigkeit seines Vorkommens in der Zahl der ausgewerteten Quellen gesetzt werden. Man fragte also nicht mehr allein: Wie oft kommt ein bestimmtes Wort insgesamt vor? Man wollte jetzt auch wissen: In wievielen der Quellen kommt es überhaupt vor? Für Funktionswörter *(grammatical words)*, Verben und auch für Adjektive erhöhte sich dadurch die statistische Stabilität und damit der Gebrauchswert der Wortlisten. Am Beispiel der Substantiva, besonders der *concrete nouns,* zeigte sich aber nach wie vor die grundsätzliche Schwäche der Zählungen. Da es das Ziel der Auszählungen war, den Wortschatz zu finden, der in allen Lebensbereichen gleichermaßen verbreitet war, mußte das Ergebnis zwangsläufig ein recht blasses und allgemeines Vokabular sein, das in keinem der Bereiche dem Benutzer sehr zustatten kommen konnte, fehlten doch überall die spezifischen Wörter und Begriffe. Auch wenn man sagen kann, daß mit den 2000 häufigsten Wörtern der englischen Sprache rund 85 Prozent des Vokabulars aller Texte erfaßt sind [8], so bedeutet dies doch umgekehrt, daß sich der riesige Rest von – sagen wir – 598 000 Wörtern des Englischen auf die letzten 15 Prozent verteilt. In diesem Bereich liegt also die Hauptmasse des Wortschatzes, und in eben diesem Bereich ist die Statistik am anfälligsten. Mit anderen Worten: der weitaus größte Teil des englischen Wortschatzes entzieht sich letztlich einer für die Praxis relevanten Häufigkeitsstufung.

Waren also sämtliche Bemühungen um ein Grundvokabular vergeblich? Sicherlich nicht; es gilt lediglich, die richtigen Konsequenzen aus den Anstrengungen zu ziehen. Wir wissen jetzt, daß es einen sehr kleinen, durch statistische Untersuchungen ermittelten Wortschatz von hoher Häufigkeit gibt, der aber, da er sehr allgemeiner Natur ist, für den jeweiligen Lernbereich und das jeweilige Lernziel noch empirisch ergänzt werden muß [9]. Man hat für diese Ergänzungen den Begriff des „disponiblen Vokabulars" *(available vocabulary)* geprägt.

In der „*General Service List of English Words*" [10] haben wir heute ein Werk, bei dessen Zusammenstellung von 2000 Wörtern die Überlegungen zur Häufigkeitszählung und zur Disponibilität genutzt wurden. Die dort vorgenommenen Ergänzungen des statistischen Grundwortschatzes durch ein disponibles Vokabular berücksichtigen unter anderem:

---

8 *Weis, E.:* Grund- und Aufbauwortschatz Englisch. Stuttgart: Klett. o. J. S. 6.
9 Zu den Methoden einer solchen empirischen Ergänzung vergleiche *Michéa, R.:* Basic Vocabularies. In: New Research and Techniques for the Benefit of Modern Language Teaching; hrsg. vom Council for Cultural Co-operation of the Council of Europe, Education in Europe, Section IV, General No. 3. Strasbourg 1964. S. 23–27.
10 *West, M.:* A General Service List of English Words. London: Longmans 1953.

1. die Erfordernisse der Schule (Unterricht und Lehrbucherstellung); 2. kulturkundliche Aspekte des Wortschatzes; 3. die praktischen Erfordernisse der Touristen; 4. die Verwendung des Englischen als *lingua franca;* 5. die besonderen Gegebenheiten der Prüfungsanforderungen.

Der Verlag Longmans hat all seinen *simplified readers* diesen Wortschatz als Vereinfachungsmaßstab zugrunde gelegt. Da der Wortschatz sich mit den Erfordernissen unserer Unter- und Mittelstufe berührt, sind die Lektürereihen von Longmans eine reiche Fundgrube für uns [11].

Bestehen also in bezug auf das Vokabular relativ gesicherte Vorstellungen für eine Textvereinfachung, so müssen wir jetzt fragen, ob solche Vorstellungen auch für die Grammatik bestehen. Gibt es so etwas wie einen *frequency count of grammatical items?* Da hier das Untersuchungsfeld wesentlich kleiner ist als bei den Vokabeln, sollte man annehmen, daß es dies längst gibt. Tatsache ist aber, daß eine solche Auszählung grammatischer Phänomene noch nicht vorgenommen worden ist [12]. Um aber trotz-

---

11 Vgl. S. 63, Fußnote 3.
12 Diese Aussage ist für gewisse grammatische Teilgebiete einzuschränken. A. E. *Darbyshires* Zählungen über den Gebrauch verschiedener Satztypen seien hier genannt, da sie für uns Schulanglisten besonders interessant sind. „Speaking in terms of the ordered arrangement of groups in sentences, we can say that there are five basic sentence forms or structures and four transforms of three of them, making nine sentence forms in all which constitute the sentence system of English. The five basic sentence types are:

1. SI	subject + intr. verb	The sun shines.
2. SIC	subject + intr. verb + complement	The sun is a star.
3. STO	subject + transit. verb + object	The sun melts the ice.
4. STO$_2$O	subject + transit. verb + ind. object + object	The sun gives us warmth.
5. STOC	subject + transit. verb + object + complement	The people elected him president.

(Die *„four transforms of three of them"*, von denen *Darbyshire* spricht, sind die vier Passivtransformationen aus Typ 3, 4 [zwei Umwandlungen] und 5.)

6. SPA	subject + passive verb + adverbial adjunct	The ice is melted by the sun.
7. SPO$_2$A	subject + passive verb + ind. object + adverbial adjunct	Warmth is given us by the sun.
8. SPOA	subject + passive verb + object + adverbial adjunct	We are given warmth by the sun.
9. SPCA	subject + passive verb + complement + adverbial adjunct."	He was elected president by them.

(Fortsetzung der Fußnote auf Seite 78)

dem zu einer einigermaßen verläßlichen Stufung grammatischer Erscheinungen zu kommen, verfiel der Longmans-Verlag für seine jüngste Lektürereihe *„Structural Readers"* auf einen interessanten Gedanken:

„Up-to-date English courses have, at each stage, a certain common content of sentence patterns. The structures that are used [in the ‚Structural Readers'] were chosen by comparing a number of well-known courses in order to find out which structures are mostly taught at each stage." [13]

Man lehnte sich also für das *grammatical grading* an die Vor-Auswahl verschiedener Lehrwerke *(courses)* an und gelangte durch einen Vergleich dessen, was dort auf den einzelnen Stufen gefordert wird, zu einer Rangordnung der grammatischen Erscheinungen. Was jetzt in dem *„Handbook to Longmans' Structural Readers"* [14] für den Gebrauch des Lehrers vorliegt, ist kein *frequency count of grammatical items,* wohl aber eine Art größter gemeinschaftlicher Teiler der grammatischen Anforderungen verschiedener Lehrwerke auf allen ihren Stufen. Ein Blick in das *„Handbook"* sagt dem Lehrer sogleich, ob er ein bestimmtes Lektüreheft dieser Reihe mit seiner Klasse schon lesen kann oder nicht. Das *grammatical grading,* wie es dort ausgefächert ist, orientiert sich vor allem am Verb; zusätzliche *grammar items* sind jeweils am Ende der Satzbautafeln zu jeder der sechs Stufen *(stages)* aufgeführt. Selbstverständlich behalten diese *„Structural Readers"* das *vocabulary grading* früherer Lektürereihen bei. Der Grundwortschatz für alle sechs Stufen – es sind rund 2500 Wörter – ist am Schluß des Handbuchs verzeichnet.

Darbyshire fährt fort:

„Not all these nine sentence forms occur with equal frequency. A calculation made by the author shows that in present-day written British English the three most common sentence types, accounting for about 80 per cent of the total used, are the types SIC, STO and SPA, whose distribution is approximately the same for each; SI type sentences make up about 10 per cent of the total used, and STO_2O, STOC, SPOA, SPO_2A and SPCA make up about 1 per cent each (although it is often difficult to distinguish between SPO_2A and SPOA); and the rest are questions or imperatives. But it could be said that these nine sentence types are the main pre-arranged signs of the code of English if questions and imperatives are included."

Aus: *Darbyshire, A. E.:* A Description of English. London: Arnold 1967. S. 104 und 114.

13 Zit. nach dem Longmans-Katalog *„Books in Easy English"* (1967) und dem Vorwort zum *„Handbook to Longmans' Structural Readers"* (1968).

14 London 1968.

Der für jede Stufe vorausgesetzte Minimalwortschatz entspricht mit kleinen Einschränkungen den Zahlenangaben, die bei den einzelnen Stufen der anderen Longmans-Reihen im Katalog *„Books in Easy English"* jeweils angezeigt sind. Der Grund, warum im Katalog die Wortzahlangaben bei den sechs Stufen der *„Structural Readers"* fehlen, ist der, daß man hier etwas großzügiger in der Handhabung des Wortschatzes verfahren ist. Der Katalog sagt dazu:

> „Control of vocabulary is also maintained... and one new principle has been introduced. Recognizing that the passive reading vocabulary of the student is greater than his active vocabulary, content words outside the given basic vocabulary but of value in the story are introduced freely, within the structural limits, by a prescribed process of repetition."

Durch dieses genau bedachte Verfahren der Wiederholung eines zusätzlichen Wortes in verschiedenen Zusammenhängen soll die Möglichkeit der Sinnerschließung *(inferential reading)* gegeben werden.

Die Reihe *„Structural Readers"* ist der einzige mir bekannte Versuch, vereinfachte Lektüretexte nach genau festgelegten sprachlichen Maßstäben herzustellen. Sie umfaßt bislang rund 50 Büchlein, von *„Detectives from Scotland Yard"* *(stage 1)* über *„April Fool's Day"* *(stage 2)*, *„Treasure Island"* *(stage 3)*, *„Thirty-Nine Steps"* *(stage 4)*, *„The Adventures of Tom Sawyer"* *(stage 5)* bis hin zu *„The Kon-Tiki Expedition"* *(stage 6)*, um einen Querschnitt durch das Titelangebot zu geben. Eine Bestimmung des Begriffs *stage* für gymnasiale Verhältnisse ergibt – nach meiner Erfahrung mit verschiedenen Texten dieser Reihe –, daß die Texte von *stage 1* gegen Ende des ersten Lernjahrs, die von *stage 2* gegen Ende des zweiten Lernjahres usw. mit Sicherheit und Freude gelesen werden können. Man wird bald sehen, welche Begeisterung in die Klassen einzieht, wenn das Problem der Diskrepanz zwischen inhaltlicher und sprachlicher Angemessenheit bei der Lektüre nicht mehr auftritt.

Es ist klar, daß man bei so genauen und strengen Vorstellungen über die Vereinfachung von Texten, wie wir sie hier finden, mit einem Austausch seltener Vokabeln und Strukturen gegen gebräuchlichere und mit gelegentlichen inhaltlichen Retuschen nicht mehr auskommt. Ein Beispiel soll das verdeutlichen. Wir geben zuerst das Original und vergleichen es dann mit der entsprechenden Stelle aus dem *„Structural Reader"*.

R. L. Stevenson, Treasure Island

Originaltext

When all my work was over, and I was on my way to my berth, it occurred to me that I should like an apple. I ran on deck. The watch was all forward looking out for the island. The man at the helm was watching the luff of the sail, and whistling away gently to himself; and that was the only sound excepting the swish of the sea against the bows and around the sides of the ship. In I got bodily into the apple barrel, and found there was scarce an apple left; but sitting down there in the dark, what with the sound of the waters and the rocking movement of the ship, I had either fallen asleep, or was on the point of doing so, when a heavy man sat down with rather a clash close by. The barrel shook as he leaned his shoulder against it, and I was just about to jump up when the man began to speak. It was Silver's voice, and, before I had heard half a dozen words, I would not have shown myself for all the world, but lay there trembling and listening, in the extreme of fear and curiosity; for from these dozen words I understood that the lives of all the honest men aboard depended upon me alone.

"No, not I", said Silver. "Flint was cap'n; I was quartermaster..." [15]

Treasure Island, Structural Reader, Stage 3

(The second thing happened after four or five weeks.)
We had a barrel of apples on deck. One day I went to the barrel but it was almost empty. It was too deep for me to reach the apples. So I jumped into it. I sat inside the barrel and ate an apple.
Suddenly a man sat down outside and rested against the barrel. The man spoke to a seaman and I knew his voice. It was John Silver. He was talking to Dick, and Dick was an honest young seaman. I was afraid and did not stand up. I listened to the voices.
"No", Silver said, "Flint was cap'n. I was quarter-master." [16]

Hier kann man nicht mehr von *abridged and simplified* sprechen; *adapted* oder *retold* wäre wohl der treffendere Ausdruck [17], denn das Werk wurde offensichtlich völlig umgeschrieben, um es der Schwierigkeitsstufe 3 innerhalb der Reihe anzupassen.

Keine Frage: am Original täte sich noch manche Oberklasse schwer, die umgeschriebene Fassung schafft man im dritten Lernjahr – wo diese Abenteuergeschichte wohl auch hingehört. Doch, so wird man einwenden, **was ist das für eine fühllose Haltung, die nur den Inhalt sieht und die künstlerische Ausformung so gering achtet?** Nun, ich verstehe diesen Einwand, **ich sympathisiere sogar mit ihm** – als Philologe, nicht aber als Sprachlehrer. Als Sprachlehrer können wir, so meine ich, für die Verwendung solcher Texte auf der Unter- und Mittelstufe, wo es uns vor allem noch um den Spracherwerb geht, gute Gründe geltend machen. Bedenken wir:

---

15 *Stevenson, R. L.:* Treasure Island. London 1962. S. 90. (1. Aufl. 1883.)
16 *Stevenson, R. L.:* Treasure Island. Longmans' Structural Readers, Stage 3, abridged and simplified by Roland John. London 1965. S. 26.
17 Vgl. *West, M.:* Criteria in the Selection of Simplified Reading Books. In: English Language Teaching. Vol. XVIII, 1964, No. 4. S. 146.

1. Bei einem Werk wie „*Treasure Island*" ist für deutsche Kinder die Alternative zum *simplified* oder *adapted text* offensichtlich nicht das Original, sondern die Übersetzung. Diese Übersetzungen sind aber, wie man weiß, sehr häufig „für die Jugend eingerichtet", d. h. sie nehmen ebenfalls inhaltliche und sprachliche Eingriffe vor. Die *simplified* oder *adapted texts* tun nichts Schlimmeres. Da der Schüler sie aber in der Fremdsprache lesen kann, wird ihm aus diesen Texten auch ein Gewinn für sein Englisch erwachsen.

2. Wer bedauert, daß die künstlerische Ausformung des Originals in diesen Texten verlorengeht, der frage sich einmal, was er von diesen künstlerischen Dingen als Kind bei seiner deutschen oder fremdsprachlichen Lektüre aufgenommen hat. Und man frage sich weiter, wie viele der ästhetischen Gesichtspunkte man als Fremdsprachenlehrer bei einer Behandlung des Originals in der Klasse fruchtbar machen könnte oder wollte. Zugegeben, solche künstlerischen Dinge tun ihre Wirkung oft unbewußt, man braucht sie nicht unbedingt zu „behandeln". Sie müssen aber andererseits auch dort wirkungslos verpuffen, wo das sprachliche Vermögen zu ihrer Aufnahme noch gar nicht differenziert genug ist –, und das trifft doch wohl für die Schüler der Unter- und Mittelstufe zu.

3. Selbst in der Muttersprache verschmäht man es nicht, Werke, deren Inhalt eine bestimmte Altersstufe fesselt, deren sprachliche Form aber ihre Kräfte übersteigt, in vereinfachter Fassung den Kindern zu geben. Ich denke an Prosanacherzählungen des Nibelungenliedes und des Parzival oder an Bearbeitungen der Grimmschen Märchen oder des Simplicissimus. Gelegentlich macht sogar der Deutschunterricht am Gymnasium von diesen Dingen Gebrauch. Auch hier sagt man sich, daß es besser ist, den Stoff im empfänglichen Alter seine Wirkung tun zu lassen, als daß die Schüler die Dinge nie oder nur mit gelehrter Brille sehen.

4. Und noch ein Letztes. Wie wenig gerechtfertigt es ist, wenn man das Interesse am „Stoff" fühllos und banausisch schilt, soll noch ein Zitat aus einem Brief Schillers an Goethe zeigen:

„Ich habe schon öfters gewünscht, daß... einer darauf verfallen möchte, in alten Büchern nach poetischen Stoffen auszugehen. ... Mir deucht, ein gewisser Hyginus, ein Grieche, sammelte einmal eine Anzahl tragischer Fabeln entweder aus oder für den Gebrauch der Poeten. Solch einen Freund könnte ich gut brauchen. Ein Reichtum an Stoffen für möglichen Gebrauch vermehrt wirklich den inneren Reichtum, ja er übt eine wichtige Kraft, und es ist schon von großem Nutzen, einen Stoff auch nur in Gedanken zu beleben und sich daran zu versuchen." [18]

---

[18] Zit. nach der Gedenkausgabe des Artemis-Verlags. Zürich 1949. S. 468 f.

Genau das wird man feststellen, wenn man einen vornehmlich auf das Stoffliche zugeschnittenen *simplified text* mit einer Unter- oder Mittelstufenklasse liest: daß es „schon von großem Nutzen" ist, „einen Stoff auch nur in Gedanken zu beleben" und daß allein davon schon „eine wichtige Kraft", ein „innerer Reichtum" ausgeht. Die psychische Bereitschaft der Kinder dieses Alters, sich von starken Stoffen bewegen zu lassen, eine Bereitschaft, die sich ja in einem oft unersättlichen Lesehunger ausdrückt – warum sollten wir sie im Fremdsprachenunterricht nicht ausnützen?

Zum Schluß wollen wir noch ein Beispiel für die Arbeit mit der Klasse an einem *„Structural Reader"* geben. Dabei möchten wir zeigen, wie mit Hilfe des grammatisch gelenkten Gesprächs [19] eine Texterarbeitung möglich ist, die auch sprachlich für den Schüler fruchtbar wird. Wir wählen dazu das fünfte Kapitel von *„Treasure Island"*.[20] Diesen Text hatten wir am Anfang des vierten Lernjahres mit einer Klasse gelesen (zwei Kurzschuljahre waren vorausgegangen). Unser grammatisch gelenktes Gespräch bei der Erarbeitung des Kapitels sollte die Handhabung des Verbs im Satz und den Gebrauch der Tempora üben.

Der Zusammenhang ist rasch hergestellt: Mr Trewlaney, der Squire, hat die Hispaniola gekauft und eine Mannschaft für sein Schiff angeheuert. Ziel der Fahrt ist die Schatzinsel, von deren Existenz Mr Trewlaney durch den 15jährigen Helden und Erzähler der Geschichte, Jim Hawkins, erfahren hat. Als Mr Trewlaney, Jim und ein befreundeter Arzt an Bord gehen, empfängt sie Captain Smollet recht sorgenvoll:

"I don't like this crew, sir", he said, "and I'm unhappy about the mate. Mr Arrow is an officer, but he talks with the men. That's bad because a good officer doesn't talk with the men." (S. 22)

An diese Äußerung des Kapitäns schließen wir eine Frage an:

L. What else does a good officer not do?

Im ersten Unterrichtsjahr ist man – oft länger als einem lieb ist – gezwungen, im *Present Tense* mit der Klasse zu verkehren. Hat man dann Ende 5. Klasse/Anfang 6. Klasse das *Past* dazugewonnen, vergißt man häufig, das *Present* weiterhin im Bewußtsein der Schüler zu halten. An dieser Stelle unserer Lektüre ist eine Möglichkeit, den Gebrauch des *Simple Present* zum Ausdruck einer gewohnheitsmäßigen Handlung zu üben.

---

19 Zu dem Begriff des „grammatisch gelenkten Gesprächs" vergleiche S. 65–69.
20 a.a.O., S. 22–28.

L. What else does a good officer not do?
S. He doesn't drink with the men on the boat. (3. Pers. sg., *Simple Present* verneint)
      play cards with the crew.
      eat his meals with the crew.
      play games with the men.
      spend his free time with the men.
      borrow money from a sailor. etc.
L. All right. But tell me: what is it then a good officer does on board ship?
S. He helps the captain.   (3. Pers. sg., *Simple Present Tense*)
      looks after the ship.
      gives orders.
      gives the men their work.
      tells the crew what they must do. etc.
L. So what should Mr Arrow do?
S. He should help the captain.   (Modalverb + Inf. ohne *to*)
      look after the ship.
      give orders.
      tell the crew what they must do. etc.

Weiter im Text. Captain Smollet beobachtet das Verhalten der Matrosen argwöhnisch:

"They're putting the weapons and the powder in the forehold, sir. They've also made the berths there for your servants."
"Those were my orders", the squire said. "Don't you like them, captain?"
"No, sir", he replied. "The forehold is a bad place for the weapons and powder because it's near the crew's berths. You have a good place under your cabin. We'll put them there and we can make three berths beside the cabin. Then the servants can sleep near you."

L. Captain Smollet is going to change the squire's orders.
   What is he going to tell the crew?
S. You mustn't put the weapons in the forehold.   (Modalverb
   You must put them under the squire's cabin.   + Inf. ohne *to*,
   You mustn't put the powder...   verneint)
   You must put it...
   The squire's servants mustn't sleep in...
   They must sleep under...
L. Do you think the crew will do what Smollet tells them?
S. I think they will. He is the captain.
L. So what will they have to do now?
S. They'll have to carry the weapons and the powder back.   *(Future)*
   They'll have to put them under the squire's cabin.
   They'll have to make three berths there for the servants.
   They'll have to take the servants' things back.
   They'll have to change their plan, too.

Etwas weiter im Text heißt es dann auch: *„The captain gave new orders and the crew obeyed them."*

L. Jim watches the crew carrying out the captain's new orders. Afterwards he tells the squire what the captain has made them do. What will he say?

S. The captain has made the crew move the weapons and the powder.
He has made the crew put them...
He has made the men take the servants' things out...

(*Present Perfect*
kausatives Verb)

L. You know that the captain of a ship must write all his orders down in a book; it's called a log-book. What do you think he wrote down in his log-book that evening?

S. This morning I told the crew not to put the weapons in the forehold.
I ordered the men to carry...
I told them (not) to...

(*Reported Speech*
Imperativ
zu Infinitiv)

Man sieht: an dieser kleinen Episode sind verschiedene Tempora in Erinnerung zu rufen, vorzüglich Tempora der *Non-Past*-Gruppe. Es bedarf lediglich eines lebhaften Sich-Hineinversetzens in die Handlung und eines geschickten Perspektivenwechsels, um die Schüler zum Gebrauch bestimmter Formen anzuhalten. Daß wir uns richtig verstehen: man wird nicht versuchen wollen, alle genannten Vorschläge mit der Klasse an dieser Stelle durchzuspielen. Es ging uns hier nur darum, zu zeigen, wie reich die Möglichkeiten unauffälliger grammatischer Auswertung eines Lektüretextes sind. Die ständig wechselnden Ereignisse im Fortgang des Geschehens geben uns genügend Gelegenheit, solche sprachlichen Dinge wohldosiert über die ganze Lektüre hin zu verteilen.

Das Kapitel endet damit, daß Jim unfreiwillig Zeuge eines aufwieglerischen Gesprächs zwischen John Silver und anderen Matrosen wird (die Szene im *apple barrel*). Standen am Anfang unseres grammatisch gelenkten Gesprächs die Tempora der *Non-Past*-Gruppe im Mittelpunkt, so kommen nun zum Schluß die Tempora der *Past*-Gruppe ganz zwanglos ins Spiel: Jim wird natürlich sofort dem Squire von den Plänen der Meuterer berichten. Er hörte John Silver zu seinen Kameraden sagen:

"Captain Smollet is a good officer. He'll sail the ship to the island for us. The doctor has a map, and he'll find the treasure for us. They'll bring it to the ship and we're going to help them. Then we'll kill them and leave their bodies on the island."

L. What do you think Jim told the squire later? Let's see – Peter, you are Jim and you, Walter, are the squire. Now.

S. I heard John Silver talk to some of the men. He said that the captain was a good man. He would sail the ship to the island for them. He thought the doctor had a map, and he would find the treasure for them. We would bring it to the ship and they were going to help us. Then they would kill us and leave our bodies on the island.

Was wir hier mündlich erarbeitet haben, das werden wir auch für eine schriftliche Hausaufgabe ausmünzen wollen. Zu diesem Zweck empfiehlt es sich, jeweils den situativen Rahmen und einen Beispielsatz zu diktieren. Auf diese Weise können wir unser grammatisch gelenktes Gespräch in eine Art *guided composition* überführen [21]. Es leuchtet ein, daß wir hier einen Hausaufgabentyp haben, der die Forderung nach Leistbarkeit und Kontrollierbarkeit weitgehend erfüllt und der, da inhaltlich reich variierbar, auch sprachlich fruchtbar ist.

Angesichts der Fülle sprachlicher Auswertungsmöglichkeiten eines so erregenden Zusammenhangs, wie es z. B. diese Piratengeschichte ist, können wir unsere Bedenken als Philologen gegenüber den *simplified texts* zurückstellen. Vier Wochen widmeten wir „*Treasure Island*"; in diesen vier Wochen hätten wir maximal zwei Lektionen geschafft. „*Treasure Island*" hat einen Umfang von rund 18 000 Wörtern; zwei Lehrbuchlektionen aber haben – einschließlich der Übungen – zwischen 4000 und 5000 Wörtern. In derselben Zeit also ging ungefähr viermal mehr Englisch an Auge und Ohr der Schüler vorüber – auch das ein Gesichtspunkt, den man nicht gering veranschlagen darf. So oft jagen wir, vor allem auf der Oberstufe, in theoretischen Überlegungen dem „englischen Geist" nach; vielleicht wäre es ehrlicher, mehr Aufmerksamkeit dem „Geist des Englischen" zu widmen. Davon kann man bei einer Lektüre viel erfahren, sogar schon auf der Unter- und Mittelstufe.

Unser Ziel bleibt natürlich die Originallektüre. Das „Opfer", das wir bringen, wenn wir mit unseren Unter- und Mittelklassen *simplified texts* lesen, wird uns, davon bin ich überzeugt, von jenem Ziel nicht entfernen, im Gegenteil, es wird uns diesem Ziel letztlich näher bringen. Die Freude, die die Schüler hier am Englischen als einem Werkzeug zur Erschließung interessanter und bewegender Inhalte gewinnen, wird eines Tages in ihnen den Willen wecken, zu englischen Taschenbüchern und Zeitschriften an einem Bahnhofsstand zu greifen, wird ihnen *know-how* genug geben, sich auch durch diese Dinge durchzubeißen.

Es stimmt schmerzlich, darüber nachzudenken, wie viele unserer Schüler das Abitur oder den früheren Abgang von der Schule als das Ende ihrer

---

21 Vgl. S. 49–58.

Beschäftigung mit der Fremdsprache betrachten. Kann man es ihnen verübeln, wenn sie es nie gelernt haben, einen längeren Text in der Fremdsprache selbständig zu erarbeiten? „*No one is likely to remember a language for long if he is unable to read it easily*", warnt ein so erfahrener Methodiker wie F. L. Billows[22]. Daher müssen wir versuchen, über die Schule hinaus Anreize zu geben, müssen versuchen, bis an die Stelle zu führen, wo die englische Sprache und Literatur zu einem Bestandteil des geistigen Tuns und Vergnügens unserer Jungen und Mädchen wird. Denn wer von uns betriebe dieses Englisch, wenn es ihm das nicht bedeutete – ein anhaltendes geistiges Vergnügen?

---

22 *Billows, F. L.:* **The** Techniques of Language Teaching. London: Longmans 1962. S. 210.

The £ 120,000 Raid
oder die Bilder des Lord Rockley

Vergleich zweier englischer Zeitungsberichte
Protokoll einer Stunde in Klasse 12

Gegenstand der Stunde

Die Berichte zweier englischer Tageszeitungen (*„Daily Mirror"*, *„The Times"* [1]) über den Diebstahl mehrerer wertvoller Gemälde aus einer Privatsammlung.

Ziel der Stunde

Durch den Vergleich der beiden Zeitungsberichte sollte versucht werden, Blick und Gespür der Schüler für die Mittel subjektiver sprachlicher Darstellung eines objektiv erfaßbaren Vorgangs zu schärfen.

Didaktisch-methodische Vorüberlegungen

Als Beispiel wurde kein *leader,* sondern ein *news report* gewählt. Beim *leader* ist die Erwartung einer subjektiven Färbung der Aussage vom Leser her von vornherein groß, beim *news report* jedoch ist sie gering. Um so überzeugender müßte es daher sein, wenn sich hier Mittel subjektiver sprachlicher Darstellung nachweisen ließen.

Wir wählten einen unproblematischen Gegenstand – den Bericht über einen Gemäldediebstahl –, um den Blick auf das sprachliche Ziel unserer Untersuchung rasch freizubekommen. Wir hofften, mit dem *cops-and-robbers*-Thema das Interesse der Schüler zunächst vom Stoff her zu wecken.

Hier nun die beiden Zeitungsberichte, die die Schüler als Umdruck in die Hand bekamen [2]. Text A = *„Daily Mirror"*; Text B = *„The Times"*. Die

---

1 Die Berichte sind vom 12. März 1969.
2 Mittlerweile sind die Texte im Oberstufenbuch *„Learning English A 4/B 3: Modern Life"* abgedruckt. Stuttgart: Klett. S. 101.

Quellen der Berichte wurden der Klasse nicht genannt; es sollte vermieden werden, daß die Schüler von den Namen der Zeitungen her Schlüsse auf die Art der Darstellung zögen – sofern die Namen ihnen etwas sagten.

Text A: *Sch... A £ 120,000 Raid*

Softly, softly, burglars stole six paintings worth £ 120,000 yesterday from the home of a peer who is deputy chairman of the "Sch... You Know Who" soft drinks firm.

The raid brings the value of art thefts in Britain in the past six months to £ 200,000. The most valuable hauls have been in the London area.

Many of the raids have taken place at the homes of Society people known to be abroad on holiday. Their whereabouts have appeared in newspaper gossip columns.

Yesterday's raid, discovered by a cleaner, happened at the home of 68-year-old Lord Rockley in a fourth-floor flat at Connaught-Place, Paddington.

The raiders broke into the flat through the skylight.

Lord Rockley is on holiday with his wife at Las Palmas in the Canary Islands.

Text B: *Watch on Ports for £ 125,000 Paintings*
By Peter Hopkirk

Police and customs officers last night faced the almost hopeless task of trying to prevent seven stolen paintings worth £ 125,000 from leaving the country.

Earlier in the day the paintings, which include two major Dutch masterpieces of the seventeenth century, were found to be missing from the London flat of Lord Rockley, the City banker and art collector.

The most valuable painting the thieves took, after removing it from its frame, was a seascape by van de Capelle bought for £ 65,000 at Christie's two years ago. Another was a flower still-life by Verendael, valued at £ 20,000.

A description of the missing paintings was sent immediately to every port and airport in Britain, on the assumption that the thieves would try to get them out of the country as soon as possible.

'Hot' Work Painted Over

Without checking every piece of baggage leaving the country the chances of customs officers intercepting the stolen pictures is small.

Art thieves have been known to paint another picture on top of a 'hot' work and clean this off once it is clear of the country.

The theft once again raises the question of what happens to stolen paintings. Only a small number ever turn up on the market again.

On the Continent it is no secret that art thieves have held insurance companies to ransom knowing they would rather pay a proportion of a painting's value to the thieves than the full amount to the owner.

In Britain such negotiations are illegal, and insurance companies know that if they attempted it a wave of thefts would follow.

Broke Through Skylight

Lord Rockley, who is on holiday in Las Palmas, was notified of the theft by telephone by his son. The thieves broke into the empty Bayswater flat on Monday
25 night through the skylight after failing to force the front door with a jemmy. They left one painting too large to move.

Lord Rockley, who also owns a house in the country, has one of the finest art collections in Britain.

The pictures were expertly removed without cutting and taken away on their
30 stretchers or inner frames.

Mr Hugh Leggatt, an art expert and senior partner in a firm of art dealers, said: "It would be a tragedy for this country if these paintings were removed from it. They are two of the best pictures of their type in Britain."

Lord Rockley, described by Mr Leggatt as "one of England's most distinguished
35 art collectors", was appointed chairman of an independent panel set up by the Conservative Government in 1957 to mediate in disputes between the Treasury and owners of works offered to the Government in lieu of death duties.

Verlauf der Stunde

Zur Vorbereitung für die Texterarbeitung im Unterricht stellte ich in der Stunde zuvor folgende Hausaufgabe: *If you had to report the theft of some works of art as a journalist, what facts would you try and get hold of?*

Mit Hilfe der Fragen, die die Schüler zu Hause vorbereiteten, wollten wir im Unterricht eine inhaltliche Bestandsaufnahme der beiden Zeitungsberichte vornehmen. Folgende Fragen hatten die Schüler für unsere Stunde vorbereitet:

What things were stolen?
Where were they stolen?
Who were they stolen from?
When were they stolen?
How were they stolen?
Why were they stolen?
How valuable were the things?
Who were the thieves?

Diese Fragen der Schüler wurden an die Tafel geschrieben.

Now let's look at our two news reports. They deal with an art theft. Let's read them carefully and see which of our questions they answer. We'll first look at text A. This is how it starts out: "Sch... ..." Ich zischte ein langgezogenes [ʃ] und legte dabei den Zeigefinger auf die Lippen. Die

Schüler lachten; sie hatten begriffen. *Would you like to start reading now, Peter?* Die kleine Geste hatte genügt, um die Schüler einzustimmen: *"Softly, softly, burglars stole..."* Nach dem Lesen sprachen wir über den Text.

All right, let's make sure that we've got the facts straight. Bei dieser inhaltlichen Rekapitulation lenkte ich das Gespräch auf die Stellen im Text, von denen ich vermutete, daß sie sprachlich nicht oder nur teilweise verstanden worden waren.

Lord Rockley is described here as the deputy chairman of a firm. So what does he do? Who is above him?
What people would you consider as Society people? What else may you read in gossip columns?
A raid – no, not really synonymous with theft. It's normally a sudden attack by soldiers; or a sudden visit by policemen coming to make an arrest.
A haul – what thieves take with them. Yes, when fishermen have caught a lot of fish they speak of a good haul of fish. etc.

Zur Aufhellung des *Sch...You Know Who* zeigte ich der Klasse eine ganzseitige farbige Werbeanzeige aus dem *"Observer Colour Magazine"*, auf dem der Slogan *Sch...You Know Who* der Limonadefirma *Schweppes* groß zu lesen war. Das rätselhafte *Sch...* klärte sich als Sprachspielerei auf (1. = ruhegebietendes Zischen; 2. = *Schweppes*).

Während dieser inhaltlichen Rekapitulation, die mit einer sprachlichen Klärung verbunden war, behielten wir ständig unsere Fragenliste an der Tafel im Auge. Hinter jede Frage, auf die wir im Text eine Antwort fanden, machten wir ein Kreuz.

So where do we put a cross?	Bericht A	Stellung im Text
What things were stolen?	×	1
Where were they stolen?	×	4
Who were they stolen from?	×	5
When were they stolen?	×	3
How were they stolen?	×	6
Why were they stolen?	(owner away)	
How valuable were the things?	×	2
Who were the thieves?	—	—

Die Zahlen, die wir hinter die Kreuze setzten, gaben uns die Reihenfolge an, in der die Antworten zu unseren Fragen im Bericht genannt werden.

Es fiel uns auf, daß der erste Satz des Berichts schon fast alle wichtigen Fragen wenigstens im Umriß beantwortet *(What? How valuable? When? Where? Who from?)* Die Frage *How were the things stolen?* wird allerdings erst am Ende (Z. 11) berührt. Auf die Frage *Who were the thieves?*

bekommen wir keine Antwort. Es wird uns aber noch eine Anzahl anderer Dinge berichtet, auf die unser Fragenkatalog nicht vorbereitet war.

What are the things we didn't think of asking? Let's enumerate them:
1. Art thefts in the last 6 months amount to £ 200,000;
2. mostly in the London area;
3. at Society people's homes while abroad;
4. thieves got addresses from gossip columns;
5. theft at Lord Rockley's discovered by cleaner;
6. Lord Rockley away on holiday.

Dieser Liste stellten wir die Dinge gegenüber, die wir nach Kenntnis von Text A noch gern erfahren hätten:

Who were the stolen paintings by?
What did they portray?
What can you do with stolen paintings? (Can you sell them? Or do the people who steal them keep them?)

Mit diesen zusätzlichen Fragen gingen wir nun an den zweiten Bericht heran. Wir hofften, daß uns der B-Text noch einige Lichter aufstecken würde.

Ganz bewußt gab ich in diesem Stadium unserer Untersuchung dem vorwiegend stofflich orientierten Interesse der Schüler nach. Erst nach Kenntnis des zweiten Berichts konnte ich erwarten, daß die Klasse die sprachliche Ausformung des Berichteten mit in ihre Überlegungen aufnehmen würde, wenn auch einige Schüler schon den ironischen Tonfall des Textes *(Sch... Softly, softly... valuable hauls... yesterday's raid...)* deutlich herausgehört hatten.

Der zweite Bericht (B) gliedert sich in drei Abschnitte. Jeder Abschnitt wurde zunächst gelesen und dann an Hand unseres Fragenkatalogs auf die Fakten hin durchgegangen. Die Ergebnisse wurden wieder in die Liste an der Tafel eingetragen. Sie präsentierte sich jetzt so:

Fragen	Bericht A	Stellung im Text	Bericht B	Stellung im Text
What things were stolen?	×	1	×	1
Where were they stolen?	×	4	×	4
Who were they stolen from?	×	5	×	5
When were they stolen?	×	3	×	3
How were they stolen?	×	6	×	6
Why were they stolen?	(owner away)		(to be sold)	
How valuable were the things?	×	2	×	2
Who were the thieves?	—	—	—	—

Zunächst war es erstaunlich, daß beide Berichte die sechs *main facts* in derselben Reihenfolge erwähnen. Aber noch eine weitere Parallele im Aufbau wurde uns – trotz der ungleichen Länge der Texte – in bezug auf die *main facts* deutlich. In beiden Berichten finden sich nämlich zwischen Punkt 5 und 6 Einschübe: in Text A sind dies die Zeilen 4 bis 10, in Text B die Zeilen 6 bis 24. Erst nach diesen Einschüben kommen dann die beiden Texte gegen Ende auf die Umstände, wie die Bilder gestohlen wurden (Punkt 6), zu sprechen – Bericht A in Zeile 11, Bericht B in Zeile 24 bis 25. Von unseren *main facts* her gesehen gliedert sich der Aufbau der beiden Berichte also folgendermaßen:

Bericht A		Bericht B	
Zeile 1– 3:	*main facts 1–5*	Zeile 1– 5:	*main facts 1–5*
Zeile 4–10:	Einschübe	Zeile 6–24:	Einschübe
Zeile 11:	*main fact 6*	Zeile 24–25:	*main fact 6*

Die zusätzlichen Fragen, die uns nach der Lektüre von Text A beschäftigt hatten – *Who are the paintings by? What did they portray? What can you do with stolen paintings?* –, wurden in Text B beantwortet oder doch zumindest angeschnitten. Von zweien der Bilder erfahren wir den Namen des Malers (van de Capelle; Verendael) und das Sujet *(a seascape; a flower still-life)*. Die Zeilen 16 bis 17 warfen im Zusammenhang mit unserer Frage *What can you do with stolen paintings?* jetzt das Problem auf: *As an art collector would you buy a stolen picture? Might not the fact that you could never show it to anybody lessen your pleasure considerably?*

Zwei Gesichtspunkte standen sich gegenüber:

a) If it lessens your pleasure, you must have bought the picture for the wrong reason: not for looking at it but for showing it off to other people.
b) Even if you think you can enjoy looking at such a picture by yourself, sharing the enjoyment with others would give you even greater pleasure. Other people might point out things in the picture you had never noticed before.

Die Praktiken, wie man gestohlene Bilder außer Landes schafft (Z. 9–15) oder sie an den Mann bringt (Z. 18–22), interessierten die Jungen besonders. Nach englischem Präjudizrecht *(case-law)* ist einer Versicherung der Rückkauf gestohlener Bilder von den Dieben nicht gestattet (Z. 21–22). Auch nach deutschem Recht könnten der Versicherung bei einem solchen Rückkauf Schwierigkeiten entstehen: sie würde sich unter Umständen dem Vorwurf der Begünstigung *(aiding and abetting = helping in doing wrong)* aussetzen. Objektiv gesehen liegt nach unserem Recht der Tatbestand der

Begünstigung vor, wenn die „Beute" (oder der finanzielle Gegenwert) den Dieben gesichert wird. Da dies der Versicherung im Falle der gestohlenen Bilder allerdings kaum vorzuwerfen ist, es ihr vielmehr subjektiv darum geht, den eigenen Schaden so gering wie möglich zu halten, würde man nach deutschem Recht von der Anklage einer Versicherung, die sich auf einen Handel mit den Dieben einließe, wohl absehen [3].

Der zweite Bericht (B) hatte uns ohne Zweifel die erschöpfendere Darstellung gegeben. Allerdings erhoben sich jetzt im Rückblick auf den ersten Text (A) neue Fragen. Zunächst Fragen sachlicher Art:

Wo befand sich denn nun Lord Rockleys Wohnung – in Connaught Place, Paddington (A) oder in Bayswater (B)? Auf einem Stadtplan von London konnte dieses Problem rasch geklärt werden. Bayswater ist die Bezeichnung für einen Wohnbezirk, der im Stadt- und Verwaltungsbereich *(borough)* von Paddington liegt. Beide Angaben waren also möglich. (Die Angabe in Text A ist genauer; sie gibt auch die Straße an. Der Schreiber von Text B entschied sich vermutlich für die Angabe Bayswater – und nicht Paddington –, weil dadurch die *slummy areas* von Paddington ausgeschlossen wurden und gleichzeitig eine gewisse Eingrenzung der Wohnung innerhalb Paddingtons gegeben war, die es erlaubte, die Straße selbst diskret zu verschweigen.)

Als nächstes ging es um die Zahlen. In Text A beläuft sich der Wert der Gemälde auf £ 120,000, in Text B auf £ 125,000. A spricht von sechs, B von sieben Bildern, die entwendet wurden. Der Verdacht kam auf, daß B zu übertreiben suche, da hier beidemal die größeren Zahlen genannt sind. Wir stellten klar, daß zu einer solchen Annahme keine Berechtigung gegeben sei: den kleineren Zahlen hafte nicht aus sich heraus schon ein Wahrheitskriterium an. Sollte es sich tatsächlich um sieben und nicht um sechs Bilder gehandelt haben, war es denkbar, daß man auch den Gesamtwert hatte höher ansetzen müssen. Die Tatsache, daß beide Zahlen in B größer waren, konnte nicht so ohne weiteres als Beweis für ihre Unrichtigkeit genommen werden.

Aber der Zweifel an Text B war nun einmal ausgesät. Ein Schüler verglich die Länge der beiden Berichte und wollte allein auf Grund der Kürze und Gedrängtheit von A diesem Text die größere Sachlichkeit und Verläßlichkeit zuschreiben. In diesem Zusammenhang wies uns ein anderer Schüler noch auf die Zeilen 12 bis 13 in B hin, deren wackeliger grammatischer Bau doch auch auf wenig Sorgfalt beim Abfassen des Berichts hindeute. Dort heißt es: *Without checking every piece of baggage leaving the country the chances of customs officers intercepting the stolen pictures is small.*

---

3 Auskunft eines befreundeten Anwalts.

In der Tat: hier hatte der Schüler eine böse Sache aufgespießt. Bei der Vorbereitung war mir das *misrelated gerund* im Nebensatz *(Without checking...* – Subjekt?) und die unstimmige Kongruenz im Hauptsatz *(the chances...is small)* gar nicht aufgefallen. Ich lobte den Scharfsinn des Kritikers, wenn ich auch spürte, daß wir jetzt dabei waren, vielleicht etwas vorschnell festzustellen, welcher der beiden Texte „besser", welcher „schlechter" sei. Das aber sollte nicht das Ziel unserer Untersuchung sein. Da die Schüler nun ganz offensichtlich zum Vergleich, zum sprachlichen Vergleich drängten, mußten wir versuchen, weitere Kriterien für den Unterschied in der sprachlichen Ausformung zu gewinnen. Ich schlug daher vor, beide Berichte nochmals laut vorzulesen.

Bei diesem zweiten Lesen waren die Schüler von den Fakten weniger gefangen und widmeten der Art der Darstellung mehr Aufmerksamkeit. Die Beiträge zu den Unterschieden der beiden Berichte, die anschließend gemacht wurden, waren in ihrer Wertung vorsichtiger; von der Sache her aber erwiesen sie sich als fundiert und verrieten Umsicht. Wir stellten fest:

Text B is written from the point of view of the police. The article starts with their reaction to the theft. Throughout the article we seem to look at the incident from the point of view of some authority – the police, customs officers, port and airport authorities, an art expert.

Text A on the other hand doesn't mention the police at all. It follows the burglars *(Softly, softly, burglars stole...*[4]) on their raid; it seems to find this angle more interesting.

Even the headlines indicate this difference in point of view:
Sch...A Raid (Text A) – *Watch On Ports...* (Text B)

Text B speaks of a *theft,* of *thieves* and *stolen paintings.* Compared with these normal but rather pale expressions the corresponding words in text A *(raid, raiders, hauls)* sound more colourful, even a little reckless.

Die Art, wie der Bestohlene, Lord Rockley, charakterisiert wird, verriet uns einiges über die gesellschaftliche Einstellung der Schreiber und ihrer Leserschaft:

Text A
A peer who is deputy chairman of the "Sch... You Know Who" soft drinks firm 68-year-old Lord Rockley

---

4 „*Softly, softly*" ist übrigens auch der Titel einer beliebten Krimi-Serie im englischen Fernsehen. Letztlich geht „softly, softly" vermutlich zurück auf den Kindervers „Softly, softly catchee monkey" (= If you go quietly, you'll catch the monkey.)

Text B

Lord Rockley, the City banker and art collector
Lord Rockley, who also owns a house in the country
One of England's most distinguished art collectors
Chairman of an independent panel set up by the Conservative Government...

Hier (in A) der Limonadefabrikant, dort (in B) der Bankier, der hervorragende Kunstsammler und -kenner. Man spürt, wie jeder der beiden Schreiber offensichtlich die „besonderen Kennzeichen" ausgewählt hat, die seinen Lesern etwas sagen.

Jetzt verstanden wir auch, weshalb in A die Namen der Maler nicht genannt waren: sie hätten der Leserschaft, dieser Leserschaft, höchstwahrscheinlich nichts bedeutet. Wir hielten auch diese Tatsache in unserer Liste der Unterschiede fest. Immer mehr verdichtete sich die Gewißheit, daß es sich im Falle des ersten Berichts (A) um ein Massenblatt handeln mußte.

Noch ein weiteres Indiz entdeckten wir in diesem Zusammenhang. In Text A sagt man uns, wer den Diebstahl entdeckt hat. Zwar erfahren wir nicht seinen Namen; er wird aber mit seinem Beruf genannt. In Zeile 9 heißt es: *Yesterday's raid, discovered by a cleaner,...* (A). Daß diese Information trotz der Kürze des Berichts hier zu finden war, ließ uns vermuten, daß der A-Bericht für eben die soziale Schicht gemünzt war, der der *cleaner* selbst angehört. Und was sagt der B-Text an der entsprechenden Stelle? *Earlier in the day the paintings... were found to be missing from the London flat of Lord Rockley...* (B, Z. 3–5). Obwohl dem Schreiber hier offensichtlich mehr Platz zur Verfügung stand, sparte er den *cleaner* mittels des Passivs aus. Sicherlich ist auch dies ein sprachliches Indiz für die soziale Einstellung der Zeitung. Wenn am Schluß dieses B-Berichts sogar noch von einer „nationalen Tragödie" gesprochen wird – *It would be a tragedy for this country if these paintings were removed from it* (B, Z. 32–33) –, machte dies den Schülern vollends klar, daß der zweite Bericht aus einem *establishment*-bewußten Blatt der oberen Schichten stammen mußte – nicht wegen der nationalen Töne an sich, die hier zu hören sind, sondern wegen des Anlasses, aus dem heraus diese Töne angeschlagen werden.

What English newspaper is the second report taken from? Have a guess. Ohne Zögern nannten die Schüler die „*Times*" (Auflage rund 500 000). Der andere Bericht wurde erst nach zwei Fehltips („*Daily Express*", „*Daily Mail*" – beides rechtsstehende Blätter!) mit „*Daily Mirror*" (Auflage rund 5 Millionen) richtig erraten.

Die linksgerichtete Haltung des „*Mirror*" machten wir uns dann noch an der Art deutlich, wie in A der Schlußsatz zur *punch line* mit spürbar sozialer Spitze formuliert wird. Verfolgen wir das:

Die Zeilen 6 bis 7 erklären zunächst ganz allgemein, wie es zu den Kunstdiebstählen der letzten Zeit kommen konnte *(Society people abroad on holiday* – leerstehende Häuser). Dann kehren wir in den nächsten drei Zeilen (Z. 9–11) zu Lord Rockleys Fall zurück *(fourth-floor flat – raiders broke through skylight).* Und nun – wie ein *I-told-you-so* – der gezielte Nachsatz: *Lord Rockley is on holiday with his wife at Las Palmas in the Canary Islands* (Z. 12). Well, what d'you expect... geschieht ihm gerade recht!

Man vergleiche die völlig unverfängliche Weise, mit der die „*Times*" dieselbe Information in ihren Text einfließen läßt: *Lord Rockley, who is on holiday in Las Palmas, was notified of the theft by telephone...* (Z. 23).

Dort, in A, trotz der Kürze des Textes ein nachdrückliches Hinweisen auf das Tun der *Society people (on holiday abroad* – zweimal); hier, in B, ein beiläufig hingesagter Einschub. Hätten wir nur einen Bericht gelesen, wäre uns hier wahrscheinlich nichts aufgefallen. Erst der Vergleich mit dem anderen Bericht machte uns den unterschwelligen Beeinflussungsversuch durch die sprachliche Darbietungsweise bewußt. Die richtige Einschätzung solcher Beeinflussung gewinnen wir natürlich erst dann, wenn wir uns die Beobachtungen, die wir an einem Artikel gemacht haben, mit der Anzahl aller Artikel in derselben Zeitung multipliziert denken.

Am Schluß unserer Stunde – es war eine Doppelstunde – blickten wir zurück und faßten die Mittel subjektiver sprachlicher Darstellung, wie wir sie gefunden hatten, in einige übergreifende Begriffe zusammen. Zur Erläuterung der Begriffe erinnern wir jeweils an ein Beispiel:

1. Point of View
    A: Softly, softly, burglars stole...
    B: Police... last night faced... the task...
2. Choice of Words
    A: raiders
    B: thieves
3. Description of People
    A: chairman of a soft drinks firm
    B: City banker
4. Selection of Facts
    A: cleaner
    B: – – (Passive construction)
5. Order of Facts: Lord Rockley away on holiday
    A: line 12
    B: line 23
6. Explanation of Facts; Additional Information
    A: thefts amounting to £ 200,000 in the last six months.
    B: What happens to stolen paintings?

The £ 120,000 Raid oder die Bilder des Lord Rockley

Die schriftliche Hausaufgabe der Stunde war:

Make a list of the main facts in the order in which they are mentioned in the two reports.
Illustrate the six characteristic differences between the two reports with examples from the texts.

Worin unterscheiden sich die beiden Texte? – dies war unser Ausgangspunkt. Es versteht sich, daß es uns nicht um eine erschöpfende Analyse der beiden Berichte gehen konnte. Wichtig war uns, die Schüler dazu zu bringen, zwei Texte so aufmerksam zu lesen, daß sie beim Vergleich der Texte Kriterien für die jeweilige Eigenart der sprachlichen Ausformung entwickelten.

A Poor Thing that Shakes the Air

BBC-Sendungen
im Englischunterricht der Oberstufe

„Language", so sagte George du Maurier einmal über die gesprochene Sprache, *„Language is a poor thing. You fill your lungs with wind and shake a little slit in your throat, and make mouths, and that shakes the air; and the air shakes a pair of little drums in my head – a very complicated arrangement, with lots of bones behind – and my brain seizes your meaning in the rough. What a roundabout way, and what a waste of time."* [1]

Das war 1892. Mittlerweile kommt ein gut Teil der Sprache, die wir täglich hören, auf noch viel komplizierterem Wege – über Radio, über Telefon, über Tonband und Schallplatte – zu uns. Keiner von uns hält sich mehr darüber auf. Im Gegenteil: wir alle leben wie selbstverständlich mit diesen technischen Mittlern. Von einem von ihnen, dem Radio, spricht man gelegentlich schon mit Herablassung: *good old steam radio* nennen es die eingeschworenen Televisionäre wohl, Omas Dampffunk. Wie aber steht es im Unterricht, im Fremdsprachenunterricht, mit dem Einsatz dieses Mediums? Nützen wir es hier mit derselben Selbstverständlichkeit, wie wir das außerhalb des Klassenzimmers tun? Ich glaube nicht – und dies, obwohl unsere Schüler heute oft über leistungsstarke Empfangs- und Aufzeichnungsgeräte verfügen. Wir sollten den berüchtigten *time lag* zwischen Schul- und Alltagswirklichkeit nicht noch größer werden lassen, er könnte sich sonst in einen *cultural lag* verwandeln.

Im folgenden wollen wir daher einige Anregungen zur unterrichtlichen Auswertung von verschiedenen Sendungen der *BBC London* geben.

Technische Hinweise

Unsere Beispiele sind alle dem Programm des *„BBC World Service"* entnommen. Es wird über Kurzwelle ausgestrahlt und ist bei uns tagsüber im 19- und 25-m-Band (auf 15,07 und 12,09 Megahertz) gut zu empfangen. In den Abendstunden sind das 41- und 49-m-Band (7,12 und 6,18 MHz) zu empfehlen.

---

[1] *Du Maurier, G.:* Peter Ibbetson; zitiert nach *Sebeok, Th.,* ed.: Approaches to Semiotics. The Hague: Mouton 1964. S. 17.

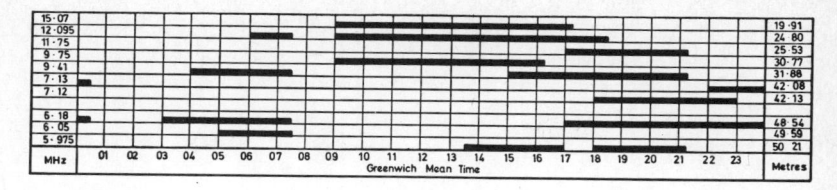

MHz	01	02	03	04	05	06	07	08	09	10	11	12	13	14	15	16	17	18	19	20	21	22	23	Metres
15·07																								
12·095																								19·91
11·75																								24·80
9·75																								25·53
9·41																								30·77
7·13																								31·88
7·12																								42·08
																								42·13
6·18																								48·54
6·05																								49·59
5·975																								50·21

Die Tabelle gibt sämtliche Sendezeiten (in GMT = Greenwich Mean Time) und Sendefrequenzen des „World Service" für Europa. Durch Hinzuzählen von jeweils 1 Stunde erhält man die entsprechenden Zeiten nach unserer Zeit.

Das Gerät, mit dem wir die Sendungen in der Hauptsache empfingen, war der „Satellit" von Grundig, dessen eingebaute Antenne keine zusätzliche Außenantenne erforderlich macht.

Das Programm des „World Service" ist nicht identisch mit den Sendungen von *Radio 1, 2, 3* und *4* der *BBC;* diese werden auf Mittelwelle für das *UK* ausgestrahlt und sind bei uns meist erst abends zu empfangen. Übernahmen von Sendungen aus einem Programm in das andere sind jedoch häufig.

Über die einzelnen Sendungen des „World Service", die Sendezeiten und -frequenzen informiert das Programmheft „London Calling", das monatlich erscheint und von der *BBC* kostenlos angefordert werden kann [2]. Wenn man darum bittet, auf die *mailing list* gesetzt zu werden, erhält man das Heft ohne besondere Anforderung regelmäßig zugeschickt.

Das Programm des „BBC World Service"

Eine inhaltliche Unterteilung des Programms des „World Service" ergibt folgende grobe Gruppierung der Sendungen:

1. News broadcasts and political programmes
2. Scientific programmes
3. Literary programmes
4. Light entertainment

Eine 5. Gruppe könnte man noch nennen: *Language teaching programmes.* Sie wollen wir aber aus dieser Übersicht ausklammern, das Feld würde sonst zu weit.

In jeder Gruppe finden sich Sendungen, die Monat für Monat im Programm wiederkehren. Daneben gibt es Sendungen, die nur eine begrenzte

---

2 BBC, Bush House, Strand, London W. C.

Laufzeit haben und dann durch andere, meist ähnliche ersetzt werden. Zu jeder der vier Gruppen wollen wir nun ein oder zwei Beispiele geben. Wo wir des Umfangs wegen auf Beispiele verzichten müssen, werden wir die Sendungen, sofern sie für die Schule interessant sind, wenigstens kurz charakterisieren.

1. News broadcasts and political programmes

Nachrichten und politische Sendungen nehmen im „*World Service*" einen breiten Raum ein. Fast stündlich, genauer 16mal am Tag, jeweils zur vollen Stunde, wird ein neunminütiges „*World News Bulletin*" ausgestrahlt. Die Meldungen werden in normalem Sprechtempo verlesen; eine Ausnahme hierin bilden lediglich die Nachrichten um 9 Uhr GMT (= 10 Uhr unserer Zeit). Diese werden langsamer verlesen als üblich und eignen sich daher besonders für ein erstes Einhören.

Will man diese Sendung um 9 Uhr GMT mit seinen Schülern abhören, kann man das Radiogerät in die Unterrichtsstunde mitnehmen. Ich selbst ziehe es jedoch vor, alle Sendungen zuerst auf Tonband aufzunehmen. Das hat verschiedene praktische Vorteile: man ist von der Sendezeit unabhängig, der Lehrer kann sich auf die Auswertung vorbereiten (Auswahl von bestimmten *news items*), und außerdem kann jede unklare Stelle sofort und beliebig häufig wiederholt werden.

Ein kurzes Beispiel:

The Apollo astronauts are now more than two thirds of the way to the moon. Mission Headquarters at Houston reports that the space-craft is on the correct course to go into lunar orbit at 20 hours GMT on Thursday. One of the flight controllers said a ground test is being conducted on a replica of the instrument found to be superficially damaged in the lunar landing-craft, but he stressed the performance of the instrument was not critical to the mission.

(Juli 71, 17.00 GMT, 7,12 MHz)

Wollen wir das Hörverständnis der Schüler überprüfen, können wir rasch einige Fragen zum Gehörten stellen:

Where is the space-craft now?
What's going to happen at 8 GMT on Thursday evening?
What's done about the damaged instrument?
How serious is the damage?

Der schnelle Abtausch von Frage und Antwort bei solch kurzen Hörtexten ist eine gute Vorbereitung für das Nacherzählen längerer Texte.

Eine andere Möglichkeit der Auswertung besteht darin, daß man die Meldung ein zweites Mal vorspielt, bei jeder Sprechpause die Schnellstoptaste des Tonbandgeräts drückt und die Schüler den Text niederschreiben. Nach der gemeinsamen Korrektur fertigt man eine Liste der technischen Ausdrücke mit englischen Umschreibungen (und den deutschen Äquivalenten) an:

Mission Headquarters: the control centre in Houston that supervises the flight of the space-craft and the moon landing   Überwachungsstation für den Raumflug in Houston

Eine sinnvolle Diktatübung, denn anders als beim herkömmlichen Diktat, wo der Text dem Lehrer schon gedruckt vorliegt, wird hier ein Text in gemeinsamer Arbeit erstellt: die Orthographie hat dienende Funktion, sie ist nicht schulmeisterlicher Selbstzweck.

Als wir den Text geschrieben hatten, stellten wir fest, daß es offenbar möglich ist, in der indirekten Rede nach einem Einleitungssatz im *Past Tense (the flight controller said)* im *Present Tense* fortzufahren *(a ground test is being conducted)*. Verstößt dies nicht gegen eine eiserne Regel? Nun, die Überprüfung *(the test)* ist zur Zeit der Nachrichtenübermittlung noch nicht abgeschlossen, daher das *Present Continuous Tense*. Der Sinn entscheidet über die Wahl der grammatischen Form.

Fünfmal am Tag folgen dem „*World News Bulletin*" die „*News About Britain*" (00.09; 3.09; 7.20; 13.09; 18.09 GMT). Die Dinge, von denen hier berichtet wird, sind in den deutschen Nachrichten meist nicht zu finden. Im Programmheft heißt es: *"‚News About Britain' provides listeners with a more intimate picture of the British scene than is possible in News Bulletins."*

Ein Beispiel:

Seabirds washed up on British beaches in future after being caught in oil slicks are to be killed.
The decision was taken by the RSPCA and a similar organization concerned with birds as a result of a report by an investigating team from Newcastle University.
It showed that of 8,000 birds rescued and cleaned less than 150 survived. With the crude oils went their own natural oils and they could no longer survive in the sea when they dived for fish. And rather than condemn the birds to a long lingering death the oil-covered birds will be killed on the spot.

(Juni 71, 7.20 GMT, 15,07 MHz)

Hier war die Abkürzung *RSPCA* vom Lehrer zu erklären *(Royal Society for the Prevention of Cruelty to Animals)*. Dann ging ich gleich auf das zentrale Problem zu:

Why are the oil-covered birds to be killed rather than cleaned?

Die Begründung ist in der Nachricht so einfach und unauffällig formuliert – hat sie der Leser noch in Erinnerung? –, daß sie leicht zu überhören ist. Die Schüler, von denen ich eine Antwort erhielt, hatten die Sache offenbar verstanden, drückten sich aber recht umständlich aus:

> When the rescued birds were cleaned they lost their ability to swim because they were washed so hard that they lost their own fat (!). Then they couldn't survive when they tried to catch fish.

Die Meldung sagt von der gefährlichen Reinigung:

> With the crude oils went their own natural oils and they could no longer survive.

Solche Umständlichkeit in Schülerantworten ist charakteristisch. Daher hielt ich die Klasse an, beim zweiten Abhören der Meldung genau auf die Formulierung jenes Tatbestandes zu achten *(How is this fact expressed in the news item? Listen again to the recording)*.

2. Scientific programmes

Die Sendung *„Science in Action"* (Mo 11.30, Fr 16.15 GMT) ist ein halbstündiges Magazinprogramm. Mehrere aktuelle Themen aus verschiedenen Wissenschaftsbereichen werden behandelt – im Vortrag, im Studio- oder *On-the-Scene*-Interview. Männliche und weibliche Stimmen sind zu hören, gelegentlich auch *non-native speakers*.

Ein Beispiel:

Speaker: Oil-pollution. Most of us are all too familiar with beaches polluted by oil and birds so gummed up that they die. And it seems to be a fact of modern life that tankers and other ships drop oil onto the sea and this drifts shorewards and causes all the trouble. Sometimes it's even worse when we have a tanker disaster like the Torrey Canyon and we drop hundreds of thousands of tons of crude oil into the sea.
    Well, now it looks as though a simple solution to the problem of disposing of oil slicks is possible.
    Professor Hughes of Cardiff University has worked out a way of sinking the oil by using powdered fume ash or fly ash which is a by-product of power stations. There's more to it than that as Anne Cluet found out.

Hughes: The idea is not to disperse the oil slick but to sink it. This is done by blowing from a tanker a sinking-agent which lays [!] on top of the oil and then it mixes in with the oil. The oil becomes denser than seawater and sinks to the bottom and stays there. And naturally

	microbes in the sea begin to feed on the oil and to decompose it and it disappears then slowly. Eh, our idea is to see whether we can speed this natural process up by supplying food stuffs that are missing in sea-water and mixing this with the oil, eh, generally speaking with the sinking agent, so that it mixes with the oil and then encourages the microbes to grow. And this is quite simple in the sea. The microbes need phosphates and nitrogen and iron and some other food stuffs to grow. These microbes are in very, very great quantities in sea-water, so that we mix the phosphates with the fly ash so that they are ready for the microbes to feed on.
Anne Cluet:	What happens then if the oil lies at the bottom of the sea? Does it mean that it is going to be harmful to sea-life?
Hughes:	No, in fact quite the contrary. We've already seen that quite a rich community of life grows up on the oil. The microbes grow and start to decompose the oil, and other creatures come along and feed on the microbes, and finally there is a rich form of plant-life that grow up [!], seaweeds begin to grow, fish come along and graze off the seaweed and the other tiny creatures. So this is almost like a new form of fish-farming, starting with oil as the primary food stuff.
Anne Cluet:	In what way is your method an improvement on the detergent which is widely used at present?
Hughes:	Well, we know that most detergents, especially when it's [!] mixed with the oil, becomes [!] poisonous to almost all forms of life. Oil itself isn't very poisonous and decomposes quite naturally if it's not mixed with detergents, whereas detergents slow this natural decomposition down.
Anne Cluet:	But how costly is your method?
Hughes:	I would estimate that it's probably cheaper than using detergent. (Sendedauer: 3 Min.; Juni 71, 16.15 GMT, 12,09 MHz)

Beseitigung von Ölverschmutzungen auf dem Meer, ein interessantes und aktuelles Thema. In unserem Beispiel geht es vor allem um zwei Dinge: *the sinking of the oil; the decomposition of the oil.* Dabei wird das Versenken des Öls fünfmal, das Auflösen des Öls viermal direkt oder indirekt erwähnt. Verglichen mit Nachrichtenmeldungen zeigen Interviews meist eine viel höhere Informationsredundanz. Daher hat auch das ungeübte Ohr eine gute Chance, sich einzuhören. Hier einige Gesichtspunkte zur Auswertung im Unterricht:

Fragen zum Inhalt

Describe the method Professor Hughes suggests for getting rid of oil slicks in the sea.
What are the advantages of his method compared with the conventional method?

Aufgaben zum Problem

List all the different kinds of pollution you know.
Which do you consider the most dangerous? Give reasons for your opinion.
What immediate measures should be taken against the different kinds of pollution, what long-term plans should be developed to protect us from pollution?

Sprachliche Überlegungen

Professor Hughes sagt gleich zu Anfang:

This is done by blowing from a tanker a sinking-agent which lays on top of the oil and then it mixes in with the oil.

Hier zeigt sich Unsicherheit im Gebrauch von *to lie* und *to lay*. Es müßte heißen *which lies on top of the oil* (im Sinne von *which settles on top of the oil*). Grammatisch möglich wäre noch *which lays itself on top of the oil*. Damit schriebe man aber dem *sinking agent* einen eigenen Willen zu, was inhaltlich unsinnig wäre. – Wenn englische Professoren solche Schnitzer machen, sollten wir da nicht bei unserer Korrektur etwas großzügiger sein?

Erst bei der Transkription bemerkte ich noch zwei Dinge in Professor Hughes' Ausführungen. Im letzten Satz des ersten Teils seiner Erläuterungen sagt er:

These microbes are in very, very great quantities in sea-water, so that we mix the phosphates with the fly ash so that they are ready for the microbes to feed on.

Hier verwendet er zweimal hintereinander die Konjunktion *so that*. Nur im zweiten Fall ist dies jedoch gerechtfertigt: *so that they are ready for the microbes to feed on* ist ein regelrechter Finalsatz. Im ersten Fall müßte es aber wohl heißen: *so we mix the phosphates with the fly ash,* also ohne *that;* es handelt sich um einen Kausalsatz *(so = therefore; that's why).* Eine häufige Verwechslung in der Umgangssprache.

Das zweite betrifft Fragen der Kongruenz. Professor Hughes sagt gegen Schluß:

...and finally there is a rich form of plant-life that grow up [!], seaweeds begin to grow, fish come along...

und etwas später noch:

Well, we know that most detergents, especially when it's [!] mixed with oil, becomes [!] poisonous to almost all forms of life.

Plant-life empfindet er offenbar als Sammelbegriff (wie *police* und *family*). Freilich, der grammatische Bezug hätte eigentlich zu dem vorausgehenden *a rich form* hergestellt werden müssen; das Genitivattribut rückt aber – wie so häufig – wegen seiner Nähe zum Verb in die Subjektrolle auf (vgl. *A number of children were injured*). Daß *plant-life* außerdem sogleich durch den Plural *seaweeds* konkretisiert wird, hat bei der Entscheidung für die Pluralform des Verbs sicherlich auch mitgewirkt.

Und wie steht es mit *most detergents, especially when it's [!] mixed with oil, becomes [!] poisonous?* Nun, hier müssen wir genau hinhören, wie die Stelle gesprochen wurde. Das *especially when it's mixed with oil* wurde offensichtlich als nachträgliche Erklärung des ursprünglichen Gedankens hinzugesetzt: das kurze Zögern nach *detergents* und das fast hastige Fortfahren danach lassen dies erkennen. Auf diese Weise kam es zu dem *changing of horses in mid-stream*, zu diesem Wechsel von Plural- zu Singularkonstruktion mitten im Satz.

3. Literary programmes

Das Angebot des „*World Service*" ist hier ebenfalls groß. Für die Oberstufe kommen hier Sendungen in Betracht, in denen Werke der Literatur vorgelesen oder in dramatischer Hörspielform dargeboten werden. Unter den literaturkritischen Sendungen habe ich vor allem Interviews mit Autoren ausgewählt.

Zwei Sendereihen, die sich ständig im Programm finden, sind „*Theatre of the Air*" (So 11.30 GMT) und „*Radio Theatre*" (So 18.30 GMT). Die beiden Sendungen werden meist im Laufe der Woche zu unterschiedlichen Zeiten wiederholt. Sie unterscheiden sich weniger in der Art der Stücke, die sie bringen, als in ihrer Länge. Bei „*Theatre of the Air*" handelt es sich meist um Stücke von 1–1^1/$_2$stündiger Dauer, bei „*Radio Theatre*" sind die Stücke kürzer (30 oder 45 Minuten).
Einige Titel:

Theatre of the Air

Harold Pinter: „*The Caretaker*" (Oktober 70)
Stan Barstow: „*A Kind of Loving*" (März 71)
Jon Manchip White: „*The Wages of Fear*" (April 71)
Arthur Miller: „*Death of a Salesman*" (Juni 71)

Radio Theatre

Colin Cooper: „*The Private Patient*" (April 71)
Shelagh Delaney: „*A Taste of Honey*" (Juni 71)
Stephen Spender: „*Trial for a Judge*" (Juli 71)
Colin Finbow: „*Outlook for Wednesday*" (August 71)

Im Programmheft findet sich zu allen Stücken eine kurze Inhaltsangabe, die einem auch bei unbekannteren Dingen einen Hinweis gibt, ob es sich lohnt, eine Tonbandaufnahme zu machen.

Handelt es sich um ein Stück, das man mit der Klasse schon gelesen hat oder noch lesen will – wie vielleicht Millers *„Salesman"* oder Pinters *„Caretaker"* –, dann ist es von hohem Interesse zu vergleichen, wie die gesendete Fassung von der gedruckten abweicht. Kürzungen, Umstellungen, Zusätze müssen von den Schülern erkannt werden, Gründe für diese Veränderungen sind zu suchen. Auf diese Weise kann die Schlußbesprechung eines Dramas um vieles lebendiger und konkreter werden. Der genaue Überblick über den Handlungsablauf ist nicht mehr Selbstzweck, sondern dient uns beim Vergleich der Fassungen als Mittel zu einer Durchleuchtung der künstlerischen Gestalt eines Werkes, die Einsichten in das Problem von Form und Inhalt möglich macht. Die *BBC*-Fassung von *„Death of a Salesman"* gibt hierzu hervorragend Gelegenheit.

Die Gestaltung, die ein Text im Vortrag, im dramatischen Spiel erfährt, ist stets auch Interpretation, vielleicht die intensivste und sachgerechteste Interpretation überhaupt. Als wir den Anfang des zweiten Akts von Pinters *„Caretaker"* abhörten, waren wir gefesselt von der geradezu inquisitorischen Verhörstechnik [3], mit der Mick den Alten, Davies, verunsichert: wie Mick sich in seinen *rambling monologues* dem alten Mann scheinbar zuwendet, ihn in Sicherheit wiegt, um ihn gleich darauf mit seinen Fragesalven unbarmherzig niederzumachen. Solch ein Hörerlebnis läßt bei den Schülern den Wunsch entstehen, sich selbst auch einmal in der Vortragsgestaltung zu versuchen.

Kürzer als die Hörspiele und daher vielleicht eher als *listening comprehension exercise* zu verwerten sind die monatlichen vier oder fünf *short stories* (Fr 10.15 GMT; mehrere Wiederholungen zu unterschiedlichen Zeiten). Die Sendungen dauern jeweils 15 Minuten. Es handelt sich hier um Originalbeiträge von Hörern des *„World Service"*. Gelegentlich werden die Geschichten von *non-native speakers* vorgelesen. Sicherlich kommt es uns darauf an, daß die Schüler zunächst einmal das Englisch von *native speakers* verstehen lernen und versuchen, beim eigenen Sprechen es ihnen nachzutun. Da Englisch heute aber auf der ganzen Welt mit vielen verschiedenen Akzenten gesprochen wird, sollten sich die Schüler ruhig auch einmal darin etwas einhören. Und wenn eine Klasse einmal verzagen will, dann kann sie angesichts der Schwierigkeiten, die andere *non-native speakers* mit dem Englischen haben, auch wieder Mut schöpfen – ein nicht unwesentlicher psychologischer Gesichtspunkt.

---

3 Vgl. S. 174–183.

Interviews mit Autoren sind faszinierend, auch für Schüler. Einmal die persönliche Stimme eines Mannes zu hören, dessen Werk man schon kennt, das reizt uns, glaube ich, alle. Als wir Alan Sillitoes „*The Loneliness of the Long-Distance Runner*" lasen, brachte der „*World Service*" zufällig auch ein Interview mit ihm [4]. Was Sillitoe hier über den „*Long-Distance Runner*" sagte, erstaunte mich. Wir waren bei unserer Interpretation von dem Gedanken der Frontstellung zwischen den sozialen Klassen ausgegangen, den *Them* und *Us*, wie der Held sie nennt, den Vertretern des Establishments einerseits und seinen Verächtern andererseits, also *working class boy versus middle and upper class big wigs*. Sillitoe aber meinte in dem Interview:

The fact is that this story – to me – is not a story about a working class character. This story – to me – is a story about a writer, it is a statement. It is a statement about a writer maintaining his integrity against all the forces that would rob him of it. (*„Writers and Books".* Sept. 70)

Es war offensichtlich: Wir hatten zu oberflächlich gelesen, die Dinge zu platt verstanden. Interessant, was Sillitoe über die Entstehung des Buches im weiteren erzählte. Er war damals in Spanien gewesen. Eines Morgens wachte er früh auf, ging ans Fenster und sah einen jungen Mann, der in einer Turnhose durch die leeren Straßen lief. Das Bild beeindruckte ihn. Er nahm ein Blatt Papier und schrieb darauf: *The Loneliness of the Long-Distance Runner*. Nur dies, sonst nichts. Er dachte, er könne diese Wendung vielleicht einmal in einem Gedicht (!) benützen. Später, als er kurz vor der Abreise stand, fand er beim Kofferpacken den Zettel wieder. Er sah den einsamen Läufer in den leeren Straßen wieder deutlich vor sich. Zwischen seine Koffer setzte er sich hin und schrieb die Geschichte des Borstal-Jungen Smith in einem Zug nieder.

Ein einzelner, der seinen Weg geht, sich nichts abmarkten läßt, was immer die andern, alle andern, tun und meinen, was immer die äußeren Umstände. Das läßt sich auf verschiedene Weisen zeigen. Auch vor dem Hintergrund des sozialen Klassengefüges, mit Rechts- und Unrechtspositionen. Ja, dieses Gefüge könnte sich sogar gut eignen für die Konkretisierung der Zwänge, könnte den Kampf deutlich machen, den es braucht... Hier wäre ein anschaulicher Rahmen, ein *objective correlative*, in T. S. Eliots Worten.

---

[4] Feste Sendungen dieser Art gibt es nicht im Programm. Es werden vielmehr unter verschiedenen Titeln (*„Writers and Books", „Profiles", „Work in Progress"*) in lockerer Folge immer wieder Sendungen mit bekannten Schriftstellern ausgestrahlt.

Zu sehr hatten wir unser Verständnis auf das *Them* und *Us* im Sinne eines gesellschaftlichen Unten und Oben abgestellt.

„It's a treat, being a long-distance runner, out in the world by yourself with not a soul to make you bad-tempered or tell you what to do or that there's a shop to break and enter a bit back from the street." [5]

Druck und Zwang kommen nicht nur von einer Seite, nicht nur von den *Them*, das *no soul to...tell you...that there's a shop to break and enter* machte uns dies jetzt deutlich. Kein „Klassenkampf" also, sondern ein Kampf nach allen Seiten im Gefüge der Klassen, *against all the forces that would rob him (of his integrity).*

Zum Abschluß unserer Sichtung literarischer Programme ein Ausschnitt aus einem Interview mit John Braine, dem Verfasser des sozialkritischen Romans „Room at the Top". Auch hier ein Mann, der zum politischen Schriftsteller gestempelt werden soll. Hören wir, was er darauf zu sagen hat:

Interviewer: What is your view of the political role of the novelist?
Braine: A novelist should have no political role whatsoever. And I've always believed this. The novelist should simply write about the world as he sees it, about human beings as he sees them and as they really are. This is quite enough. In so doing he may quite unconsciously be telling the truth, criticize the society in which he lives. But he doesn't set out with the intention of being critical. You cannot begin a novel on those premises, otherwise it will be dead, it will be absolutely dead. The breath of life will not be in it. If you want to write about politics, write about politics. Don't pretend you're writing a novel.

(„Work in Progress". Juni 71, 13.15 GMT, 12,09 MHz)

4. Light entertainment

Die Sendungen dieser Gruppe wechseln naturgemäß häufig. Eine Sendung jedoch, die seit vielen Jahren von der *BBC* über Mittelwelle ausgestrahlt wird, ist auch im „World Service" – trotz gelegentlicher Absetzungen vom Programm – ein *stand-by* geworden. Wir meinen die Sendung „My Word!" (So 19.15, Di 14.30 GMT). Ein Wort der Erläuterung zu unserem Beispiel:

The popular BBC programme "My Word!" is a panel game about words. In the last round of the game the participants have to give their spontaneous explanation of how certain well-known sayings came into being. The marks go to

---

[5] *Sillitoe, A.:* The Loneliness of the Long-Distance Runner. London: Pan Books 1967. S. 10.

whichever incredible explanation receives the most applause from the audience in the studio.
By an unwritten rule of the game the participants are allowed to change the sayings slightly.⁶

Das Beispiel, das wir anführen, gibt die Geschichte wieder, die einer der Teilnehmer, Denis Norden, zu dem Satz „*Your money, or your life*" erfand. An Hand dieser Sendung wollten wir genau untersuchen, wie *informal educated speech* beschaffen ist. Ich entschloß mich daher, diesmal eine andere Vorstellung des Sprachmaterials zu wählen. Ich transkribierte zunächst die Sendung und teilte den Schülern den Text vor dem Abhören des Programms aus. Für das Verständnis des Textes war die Kenntnis von der Einrichtung eines *computer dating service* notwendig. Diese Freundschafts- und Eheanbahnungsinstitute, die die Partner mit Hilfe von Computern ermitteln, werben in verschiedenen Zeitungen regelmäßig für sich. Eine solche Anzeige bekamen die Schüler ebenfalls in die Hand. Hier zunächst die Werbeanzeige:

Everyone makes new friends through Dateline, the largest, longest established and least expensive computer dating service. We guarantee the results. Free questionaire without obligations from Dateline, 23 Abingdon Rd, London W 8. 07–937 0102.⁷

Und nun Denis Nordens Geschichte:

Your money, or your life!
I'd, I'd had cause to mention before this sort of unease that I get in the presence of modern gadgetry and ahm electrical appliances. All of them seem to go wrong for me while they work for everybody else. Bearing these facts in mind, it was perhaps a little foolhardy of me to answer this particular advertisement I saw in
5 a paper. Have you ever heard of the computer dating service? I thought originally it was for some sort of scheme for people who want to have a date with a computer, but it isn't. It's a sort of a scheme whereby you send particulars of yourself to this, this office and they're matched up on a computer and in return they give you particulars of somebody whose characteristics are exactly the sort of thing that
10 you're looking for. Well, I made inquiries about it, and it sounds very interesting – in fact, a bloke in my office met his wife through a computer dating service. They'd actually been married for 12 years. It was a little embarrassing, but he said it was simply because he didn't fill the form up correctly. Ahm, so I took great pains when I filled the form up; which again was a bit of ah, an item for

---

6 Vgl. „*Modern Life*", ein Lese- und Arbeitsbuch für die Oberstufe. Stuttgart: Klett 1971. S. 9 ff. Dort findet sich noch ein weiteres Beispiel aus „*My Word!*". Die Schallplatte zum Buch bringt die Aufzeichnung des dazugehörigen Ausschnitts aus der Sendung.
7 The New Statesman. 31 October 1969. S. 639.

me, because form filling is another feature of modern life which gives me slight hot flushes, ah, I mean, some – those questions, like, you know, 'Where were you born?' and 'What did you do before that?' And then it got to the age bit, you see. And I thought I was perfectly justified because they had this 'Age', and then had this 'Years, dot, dot, dot; Months, dot, dot, dot', so I put down 29 years, 216 months – don't bother to work it out. The, ahm, but where I was most careful was where they ask you to state the type of opposite sex person that you want to meet. And I took a great deal of pains over that because you – remembering the bad experience of this chap in my office, I put down the absolute ideal of the woman I'd really been searching for all my life. And I sent it off. And the way it was: we met under the clock at Waterloo on the Saturday. And as soon as I saw her, well, it was uncanny. It was exactly what I had specified. And we had a marvellous evening. We had a small hors d'oeuvre at the Corner House, and "The Sound of Music", which we sat round twice, and then I took her home. And she said, "Would you like to come in for a bit, for a drink?" and I said yes. And then her husband came out of the bedroom. He was a bit sleepy and he said, "Did you have a nice evening?" and I said, "Yes, thanks, Dad." And while my mother put her apron on and went to make a cup o'tea, I brooded on the fact that these computers take you so blooming literally. And the only conclusion I came to was that if you are about to use a computer dating service, it is all right for some, but if you're anything like that bloke in my office or myself, you'll wind up with – as Dick Turpin said – "your mummy or your wife".

(April 70, 20.45 GMT, 9,41 MHz, Sendedauer: 4 Min.)

Da die Schüler den Gegensatz von geschriebener und gesprochener Sprache deutlich erleben sollten, machten wir uns zuerst mit dem transkribierten Text vertraut. Das tonlose Lesen vieler Schüler muß sich bei einem solchen Text besonders schlimm auswirken, lebt er doch ganz aus der Art, wie er gesprochen wird. Auch für gute Leser ist er wohl nicht auf Anhieb zu schaffen. Um so gespannter müssen die Schüler sein, wenn der Text dann über Tonband zu ihnen kommt. Sie wissen, wo sie bei ihrem eigenen Leseversuch gestolpert sind, und achten jetzt gezielt auf diese Stellen. Gleichzeitig wird ihnen klar, wie wenig von der Information, die in einer Äußerung steckt, auf dem Papier erscheint, wie viel von Stimmführung, Sprechfluß, Tonlage, Pausen, Dehnungen, Verschleifungen, Tempo usw. auf dem stummen Papier verlorengeht.

Nach dem etwas mühsamen Einlesen klärten wir einige inhaltliche Dinge.

Corner House	Lyons' Corner House, one of many popular tea-shops run by Messrs Lyons.
The Sound of Music	a well-known old film.
Dick Turpin	famous highwayman (1706–39); was arrested for horse-stealing and hanged at York. The quotation "Your money, or your life" is attributed to him.

Das eigentliche Geheimnis dieses Erzählens konnten die Schüler zu diesem Zeitpunkt, da sie das Tonband noch nicht gehört hatten, kaum erahnen. Es liegt in der Umständlichkeit, der scheinbaren Umständlichkeit dieses Sprechens in der Rolle des Opfers technischer Präzision.

Die sprachlichen „Unstimmigkeiten" im Text wurden von den Schülern schnell entdeckt. Zählen wir sie auf:

1. I thought originally it was for – some sort of scheme for people who want to have a date with a computer, but it isn't. (Z. 5–7)
2. Ahm, so I took great pains when I filled the form up; which again was a bit of ah, an item for me, because form filling is another feature of modern life which gives me slight hot flushes, ah, I mean, some – those questions, like, you know, 'When were you born?' and 'What did you do before that?' (Z. 13–17)
3. And I thought I was perfectly justified – because they had this 'Age', and then had this 'Years, dot, dot, dot', 'Months, dot, dot, dot', so I put down 29 years, 216 months. (Z. 18–20)
4. The, ahm – but where I was most careful was where they ask you to state the type of opposite sex person that you want to meet. (Z. 20–22)
5. And I took a great deal of pains over that because you – remembering the bad experience of this chap in my office, I put down the absolute ideal of the woman I'd really been searching for all my life. (Z. 22–24)
6. And as soon as I saw her – well, it was uncanny. (Z. 25/26)

In allen Fällen handelt es sich um Fügungsbrüche; wir haben sie jeweils durch einen Gedankenstrich angedeutet. Es kam die Frage auf, ob diese Anakoluthe nicht durch meine Zeichensetzung entstanden sein könnten. In der Tat, was ein Satz war, was durch einen Punkt vom Folgenden (und Vorhergehenden) abgetrennt war, das hatte bei der Transkription in meiner Hand gelegen. Beim Abhören des Tonbands wollten wir besonders auf diese Satzprobleme achten.

Der akustische Eindruck erhellte den Text ganz entscheidend. Zögernd und mit allgemeinen Weitschweifigkeiten setzt Norden zu seiner Geschichte an: Die Technik plagt ihn, ihn wie keinen andern. Bis ihm eines Tages die Anzeige zu Gesicht kam. Diese Anzeige. Er erklärt das. Also. Und der Freund, und was dem widerfahren ist. Nach 12 Ehejahren bekam der seine eigene Frau zu einem Rendezvous vermittelt. Vorsicht also bei Computerformularen: Die unmenschliche Präzision der technisierten Bürokratie. Und dann hat es doch geklappt. Das Treffen mit der Frau seiner Träume. Sie gehen aus, vergnügen sich, bescheiden; Freuden, die Bestand haben. Ja, dann (worauf soll's hinaus?), dann die Einladung auf einen Schluck zu ihr. Der Abend rundet sich. Aus dem Schlafzimmer: der Ehemann. Es konnte ja nicht gut gehen, bei seinem Geschick. Schlimmer noch: der Herr, das ist – Papa! Jetzt den Kopf nicht verlieren. Tee? Tee. Für uns alle. Ja,

Mama. Sie gießt den Tee auf, wie nur sie es kann; konnte. Wehmut. Nachdenklichkeit. Sei es allen gesagt: Und wenn ihr ein Leben lang sucht, am Ende werdet ihr nichts andres finden als wieder eure Mutter oder eure Frau.

Nordens Sprechen hatte uns alle gewonnen. In seiner originalen Lautgestalt war der Text etwas ganz Neues für uns geworden. Zwischen dem Geschriebenen und dem Gesprochenen lagen Welten. Es hatte uns großen Spaß gemacht.

Und wie stand es mit unserer Satzeinteilung, wie mit den Fügungsbrüchen? Wir hörten das Band ein zweites Mal an. Zunächst stellten wir fest, daß es gar nicht schwierig war, das Lautbild dieser freien Rede in Sätze zu gliedern. Eine einzige Veränderung nur nahmen wir an der Transkription vor. Ich hatte *And then it got to the age bit, you see* (Z. 17) als Teil des Folgenden verstanden und nach *you see* daher nur ein Komma gesetzt. Die Schüler wollten es als gesonderten Satz verstanden wissen. Wir setzten also hinter *you see* einen Punkt. (Dies ist im oben abgedruckten Text schon berücksichtigt.)

Als nächstes bedachten wir die Fügungsbrüche. Hier ist uns, glaube ich, eine kleine Entdeckung gelungen. Es fiel uns auf, daß alle sechs Anakoluthe durch eine eigentümliche Sprechweise akustisch gekennzeichnet sind. Jedesmal, wenn der Sprecher seinem Satz „Gewalt antut", wenn er die ursprünglich eingeschlagene Satzbahn verläßt, erhöht er plötzlich sein bisheriges Sprechtempo. Das war ganz offenkundig. Wir faßten das zunächst so zusammen:

Every time there is a break-up in the grammatical construction there is also a corresponding speeding-up of the normal speech rhythm.

Zu sagen, der Sprecher komme an diesen Stellen durcheinander, er verwirre sich, daher das neue Tempo, das wäre zu einfach. Er verwirrt sich ja gar nicht. Vielmehr ersetzt er eine Konstruktion durch eine andere; die Zuhörer registrieren dies und folgen ihm weiterhin (wie das Lachen der Studiogäste beweist). Nein, es handelt sich hierbei um ein akustisches Signal, das dem Hörer anzeigt, *daß* die grammatische Konstruktion geändert wird. Der Hörer versteht das plötzlich erhöhte Sprechtempo als Fehlersignalisierung, oder genauer, als „Löschansage" *(cancelling signal):* er weiß jetzt, daß die vorausgehende grammatische Konstruktion nicht mehr gilt. Sofort stellt er sich mit einer neuen Hör-Erwartung darauf ein. Hat ihn dieses Signal für einen Augenblick aufgeschreckt, so versichert es ihn doch auch wieder in seiner Hörerrolle, denn: hätte der Sprecher dieses Signal nicht gegeben, wäre er trotz des sprachlichen Verstoßes in seinem normalen Sprechtempo fortgefahren, dann müßte der Hörer jetzt sehr auf der Hut sein. Er müßte sich nämlich fragen, wie ernst er das zu nehmen hat, was man ihm da sagt. Nur kleinen Kindern und Ausländern ist man im allgemeinen gewillt, beim fehlerhaften Sprechen ohne Löschsignalisierung mildernde Umstände zuzubilligen.

If you change your grammatical construction in the middle of a sentence without a corresponding change in your normal speech rhythm, you'll either be spotted as a foreigner or your listener will soon stop taking you seriously.

Dem *educated native speaker* ist in diesen Fällen sein verändertes Sprechtempo Alibi dafür, daß er weiß, was er tut, daß er willentlich und absichtlich tut, was er tut. Daher ist auch der Hörer bereit, ihn ernst zu nehmen, ihm weiter zuzuhören [8]. (Bei der Bewertung von mündlichen Leistungen müßte man dies mitbedenken!)

Zum Schluß erfaßten wir noch die sog. *stop gaps* und *delay words* unseres Textes:

I'd, I'd (had cause) ⎤
this, this (office)   ⎦ repetition

ahm, ah   you know   well   a   ⎤
I mean   you see   the ⎢ sort of (thing) (unease)
                             this ⎦

Auch sie sind ein Mittel, mit dem der Sprechfluß, das Sprechtempo reguliert wird. Ihre Funktion im einzelnen ist vielfältiger, als es die beiden Begriffe *stop gap* und *delay word* andeuten. Nach einer Lache des Publikums z. B. kann das *ahm* ein Signal dafür sein, daß der Sprecher fortfahren will. Ein andermal kann es als Pausenzeichen benützt werden: niemand soll sich einschalten, „man bleibt auf der Welle", obwohl einem noch die Worte fehlen. Da wir als *non-native speakers* oft in Ausdrucksnot geraten, sollten unsere Schüler auch darin eine systematische Unterweisung erfahren.

Dies also einige Beispiele aus dem reichen Angebot des „*BBC World Service*". Vielleicht hat der eine oder andere Kollege Lust bekommen, den Kurzwellenbereich seines Radiogerätes einmal abzusuchen und selbst einiges einzufangen. Wer sich technisch für zu ungeschickt hält, der mag seine

---

[8] Ein weiteres Beispiel für eine Löschsignalisierung erwähnten wir schon (vgl. S. 105) im Zusammenhang mit den Ausführungen Professor Hughes', ohne der Sache dort schon einen Namen zu geben. Der Befund dort deckt sich mit unseren Beobachtungen am Sprechen Denis Nordens. Wir möchten aber annehmen, daß es noch andere *cancelling signals* gibt.

Schüler auffordern, einige Aufnahmen zu machen. Vielleicht haben sie dann wieder etwas mehr Spaß an ihrem Englisch, wenn sie auf diese Weise an der Unterrichtsgestaltung mitwirken können.

Sprachlich und psychologisch kann uns aus solch einem Versuch ein Gewinn erwachsen. Und wenn wir bedenken, daß uns all dies, das ganze 24stündige Programm des *„World Service"*, jeden Tag kostenlos zur Verfügung steht, dann wäre es doch sehr schade, wenn wir davon nicht Gebrauch machten.

Eines Tages, wenn es vielleicht auch bei uns nicht mehr möglich ist, eine Prüfung in einer lebenden Fremdsprache abzulegen, ohne daß man sein Hörverständnis und sein Sprechvermögen dabei unter Beweis zu stellen hat, eines Tages könnte man sogar *BBC*-Programme systematisch in der Reifeprüfung einsetzen. „*A roundabout way and a waste of time*"? – *I wonder.*

Now we're talking your language

Eine Untersuchung
von Werbeanzeigen mit Unterprimanern

Wir hatten schon des öfteren eine Nummer des amerikanischen Nachrichtenmagazins „*Time*" für unsere *current affairs lessons* im Englischunterricht an der Unterprima verwendet. Dabei griff ich meist zwei oder drei aktuelle Artikel heraus und überließ es dann den Schülern, sich selbst noch etwas unter den anderen Artikeln umzusehen. Als wir kurz vor Weihnachten eine Unterrichtsreihe dieser Art abschließen wollten, lenkte ein Schüler der Klasse unsere Aufmerksamkeit auf eine ganzseitige Werbeanzeige einer Zigarettenfirma. Als Freund des „Dufts der großen weiten Welt" hatte er in dieser Anzeige vergeblich nach der englischen Übersetzung des deutschen Stuyvesant-Slogans gesucht. Nichts von *The whiff of the great wide world*. Statt dessen fand sich neben dem Bild der weißen Zigarettenpackung mit dem Namenszug Peter Stuyvesants der Slogan: *The International Passport to Smoking Pleasure*. Frühere Nummern von „*Time*" und anderen amerikanischen und englischen Zeitschriften wurden durchgeblättert – nirgends fanden wir den „Duft der großen weiten Welt", stets lautete der Slogan „*The International Passport to Smoking Pleasure*". Merkwürdig. Was war denn sonst noch in der Anzeige zu lesen und zu sehen? Zusammen machten wir unsere erste grobe Analyse einer Werbeanzeige: Schlagzeile *(headline)*, Werbetext *(body copy)* und Bild *(illustration)* wurden unter die Lupe genommen. Überraschendes kam an den Tag – war es Zufälliges? Vergleiche mit anderen Anzeigen mußten das klären. Kein Zweifel, es hatte uns gepackt. Lehrer und Schüler gingen mit einer Hausaufgabe in die Weihnachtsferien.

Es ist hier nun kein Protokoll der Unterrichtsreihe vorzulegen, die nach den Ferien begann und sich über drei Wochen erstreckte. Vielmehr wollen wir auf den folgenden Seiten das in der Klasse behandelte Anzeigenmaterial systematisch sichten und Gesichtspunkte für seine methodische Auswertung bereitstellen. Vielleicht kann ein solches *project dossier* dem einen oder anderen Kollegen Anreiz sein, das Thema *Advertising* einmal in seinen Arbeitsplan aufzunehmen. Es ist überraschend, daß sich zu dieser sprachlich wie kulturkundlich so interessanten Erscheinung unserer modernen Welt in den Oberstufenlesebüchern fast nichts findet.

Um unsere Untersuchungen auf festen Boden zu stellen, vervielfältigte ich aus dem Buch von David Ogilvy „*Confessions of an Advertising Man*"[1] Auszüge für die Schüler. Ogilvy, der gebürtiger Engländer ist, war vor 25 Jahren nach den USA ausgewandert und hat dort eine der größten Werbeagenturen *(advertising agency)* aufgebaut. (Ogilvy, Benson & Mather macht heute die Werbung für Rolls Royce, Daimler-Benz, Shell, Lufthansa, KLM, Helena Rubinstein u. a.) Die Auszüge betrafen Ogilvys Ratschläge zur Abfassung von Werbeanzeigen. Neben *useful words and phrases* gaben uns Ogilvys Ausführungen wertvolle Kriterien für unsere Analysen an die Hand:

David Ogilvy: How To Write Copy [2]

The Headline

1. Five times as many people read the headline as read the body copy – it is the ticket on the meat. Use it to flag down the reader.
2. Every headline should appeal to the reader's self-interest. It should promise a benefit (How Women Over 35 Can Look Younger).
3. Always try to inject news into your headline. The two most powerful words you can use are *free* and *new*. You can seldom use *free*, but you can almost always use *new* – if you try hard enough.
4. Other words and phrases that work wonders: How To; Suddenly; Now; Announcing; Introducing; It's Here; Just Arrived; Important Development; Improvement; Amazing; Sensational; Remarkable; Revolutionary; Startling; Miracle; Magic; Offer; Quick; Easy; Wanted; Challenge; Advice To; The Truth About; Compare; Bargain; Hurry; Last Chance;
   Don't turn up your nose at these clichés. They may be shop-worn, but they work.
5. Include the brand name in your headline.
6. Include your selling promise in your headline. This requires fairly long headlines. The best one I ever wrote contained 18 words: At Sixty Miles an Hour the Loudest Noise in the New Rolls-Royce comes from the electric clock.
   (When the chief engineer at the R.-R. factory read this, he shook his head sadly and said, "It's time we did something about that damned clock.")
7. Your headline should arouse curiosity – people are more likely to read your body copy then.
8. Don't write tricky headlines – puns, literary allusions etc. This is a sin. Your headline must compete for attention with 350 others in the average paper, so telegraph what you want to say in plain language.

---

1 Paperback Edition. New York: Dell Books No. 1448, 1966.
2 a.a.O., vgl. besonders die Kapitel 6–9.

9. It is dangerous to use negatives in headlines. If you write Our Salt Contains No Arsenic, many readers will miss the negative and go away with the impression that you wrote Our Salt Contains Arsenic.
10. Avoid blind headlines – the kind which means nothing unless you read the body copy underneath them: most people don't.

The Body Copy

1. Don't beat about the bush – go straight to the point.
2. Be specific and factual; avoid generalizations. Be enthusiastic, friendly, memorable – don't be a bore. Tell the truth and make it fascinating.
3. How long should the copy be? It depends on the product – you can't say much about chewing gum.
   Research shows that readership falls off rapidly up to 50 words of copy, but drops very little between 50 and 500 words. The more you tell, the more you sell.
4. Include testimonials in your copy. Every advertiser has the same problem, namely to be believed. Mail-order firms know nothing so potent as testimonials. Testimonials from celebrities are best.
5. Give your reader helpful advice, or service. Tell housewives how to remove stains in an ad for a detergent – such ads are better read and better remembered than copy that deals entirely with the product.
6. Don't use purple prose – it takes away attention from the subject. Write in the colloquial language of everyday conversation.
7. Resist the temptation to entertain.
8. What to do with very long copy?
   a) A display subhead of 2 or 3 lines, between your headline and your body copy, will heighten your reader's appetite.
   b) Start your body copy with a large initial letter – it will increase readership by 13 per cent.
   c) Keep your first paragraph down to a maximum of 11 words – a long opening paragraph frightens the reader away. All paragraphs should be short.
   d) After 2 or 3 inches of copy insert your first cross-head, and thereafter pepper cross-heads throughout. Make some of them interrogative, to excite curiosity.
   e) Set your copy in columns not more than 40 characters wide. The wider the measure, the fewer the readers.
   f) Set key paragraphs in bold type or italics to break up the monotony.
   g) Insert illustrations now and then.
   h) Help the reader into your paragraphs with arrow-heads, asterisks etc.
   i) Unrelated facts should be numbered not linked up with awkward connective words.
   j) Don't set your copy in reverse (white type on black background) and never set it over a colored tint.
   k) If there is to be a coupon, put it at the top, bang in the middle. This position pulls 80% more coupon returns than the traditional outside-bottom-of-the-page position.

The Illustration
1. Photographs sell more than drawings, they are more believable.
2. A photo must arouse the reader's curiosity; "beautifully composed" photos don't work in ads.
3. The magic element in a photo is its "story appeal" (Hathaway's eye patch!)
4. Before-and-after photos fascinate readers; challenge the reader by making him tell the difference between two similar photos (Which Twin has the False Teeth?)
5. Photos of women appeal to women; photos of men appeal to men, not vice versa!
6. A photo of a baby attracts women readers (manufacturers usually object to babies because they consume so little!)
7. Ads are twice as memorable if they are in color.
8. Avoid historical settings – they are only useful for whisky.
9. Keep your focus of interest on one person – crowd scenes don't pull.
10. Avoid stereotyped situations (grinning housewife pointing happily at open fridge).
11. Twice as many people read the captions under a photo as read the body copy; therefore each caption should be a miniature ad complete with brand name and promise.
12. Never deface your illustration by printing your headline over it.

Die Schüler legten sich Sammelmappen mit meist ganzseitigen Werbeanzeigen an. Unsere Quellen waren vor allem „*Time*", „*Look*", „*Post*", „*Holiday*", „*Harper's Magazine*", „*Atlantic*", „*Reader's Digest*" und das „*Observer Colour Magazine*". Mit Hilfe des Episkops konnte der ganzen Klasse das Bildmaterial jederzeit vorgestellt werden; einzelne Werbetexte wurden zur genaueren Analyse vervielfältigt. Spezialisierung auf bestimmte Branchen (Zigaretten, Fluggesellschaften, Spirituosen, Autos, Uhren, Benzin usw.) wurde bewußt gefördert; auf diese Weise bildeten sich Experten für die einzelnen Gebiete heraus. Unsere Untersuchungen und Überlegungen gliedern sich nun wie folgt:

– Die Zigarettenwerbung: An einem kurzen Beispiel soll das Wesen der sog. Markenbildwerbung *(image advertising)* deutlich werden.

– Die sprachlichen Mittel der Werbung: In diesem Hauptabschnitt wollen wir lexikalische und grammatische Eigentümlichkeiten von Werbetexten aufzeigen. Dabei widmen wir besonders dem syntaktischen Parallelismus unsere Aufmerksamkeit, da hier für den Fremdsprachenunterricht der methodisch interessanteste Ansatzpunkt liegt. Das Problem der Übersetzung beschließt diesen Teil.

– Die Reise- und Touristenwerbung: An drei Beispielen werden wir hier landes- und kulturkundliche Aspekte der Werbung beleuchten.

– Arbeitsvorschläge zur Behandlung des Themas *Advertising* auf der Oberstufe.

Die Zigarettenwerbung

Eine Stuyvesant-Anzeige hatte den ersten Anstoß zu unserer Arbeit gegeben; die Untersuchung weiterer Zigarettenwerbungen führte uns zu aufschlußreichen Ergebnissen.

Was Ogilvy scherzhaft über Kaugummiwerbung sagt (vgl. *The Body Copy 3*, S. 117), trifft offenbar bei Zigaretten in ganz besonderem Maße zu. Die Anzeigen sind alle durch die Spärlichkeit ihrer Texte gekennzeichnet; anscheinend läßt sich über die Qualität der Ware nicht viel sagen. Meist nimmt das Bild den größten Teil der Werbung ein.

Einige typische Beispiele für *collocations* mit *tobacco*, *flavour* und *taste*:

Tobacco: fine/rich/choice/best/expertly, perfectly blended/superb/mild
Flavo(u)r: full/rich/more/big(!)/plenty of/mild/King Size(!)/satisfying
Taste: cooler/smoother/more satisfying/beyond comparison/really delivers taste/taste so good

Auffallend, wie blaß die Qualitätsbeschreibungen sind. Recht viel Wesens wird hingegen von Äußerlichkeiten wie Format und Verpackung der Zigaretten gemacht:

This very special cigarette demands a very special box, and gets it in *gold*.
The box is gold, the pleasure priceless.
The exclusive Flip-Top plastic pack – this is the modern way to smoke.
The strength of the box keeps the cigarettes firm and round.
The new luxury length cigarette.
Stuyvesant 100's – 100 millimetres long – longer than long, Kinger (!) than King Size.
The "Longhorns" – New Marlboro 100's.

(Selbstverständlich hat die Mode der 100-Millimeter-Zigarette auch schon eine Zigarette hervorgebracht, die 101 Millimeter lang ist – Chesterfield 101!)

Sind die Texte sehr kurz und blaß, so wirken die Bilder um so sprechender. Die Deutung der Bildinhalte und ihre Werbefunktion gab zu ausführlichen Diskussionen Anlaß. Für mich war es erstaunlich, wie sehr die Schüler sich bei dieser Art der Bildbeschreibung engagierten.

Häufig sind Menschen(-gruppen) auf den Bildern zu sehen, die einer angenehmen oder erregenden Tätigkeit nachgehen oder die sich in einer angenehmen oder erregenden Umgebung aufhalten. Hier soll der Betrachter offensichtlich eine Gedankenverbindung zwischen der angebotenen Ware und dem Rahmen, in dem sie angeboten wird, herstellen. Das Bild sagt: Menschen dieses begehrenswerten Lebensstils rauchen diese Zigarette

– muß dann nicht auch diese Zigarette begehrenswert sein? Ein Beispiel: Eine Anzeige für Kent-Zigaretten in „*Time*" zeigt das fast ganzseitige Farbfoto eines vornehmen Raumes mit Kristallüstern und roter Wandbespannung. Im Hintergrund stehen mehrere Damen und Herren in Abendtoilette um Spieltische – offenbar befinden wir uns im Gesellschaftsraum eines großen Hotels. Im Vordergrund ein etwa 35jähriger Mann, der sich eben eine Zigarette angezündet hat und nun uns, die Betrachter, anblickt.

Headline: Who is he?

Die Frage stellen wir, die Betrachter, genauer: die musternden Blicke der Damen im Bildhintergrund, die auf den Mann gerichtet sind, stellen sie für uns. Man sagt uns:

Body Copy: He's a man of very definite preferences.
He prefers his interests exciting,
his companions beautiful,
and his filter cigarettes Kent.

Wenn es so ist, dann ist er unser Mann; mit ihm wissen wir uns einig (wer nicht?). Eine etwas preziöse Wortstellung (sie ist so vornehm wie der Raum, in den wir eben eingetreten) rückt die Objektsattribute *exciting, beautiful* und *Kent* in die Stellung der prädikativen Ergänzung zum Objekt und treibt sie auf diese Weise hervor. Das bewirkt die Gedankenassoziation *exciting + beautiful = Kent*. Rechts neben dem Text eine geschlossene und eine angebrochene Schachtel Kent-Zigaretten. Darunter die Schlußzeile *(signature line): The Filter Cigarette from America... preferred around the world*. Kein Wort über den Tabak.

Wir stellten fest: *The illustration makes people imagine that they, too, can participate in that good life – if only they smoked that cigarette. In advertising this is called "giving the product an image". We can say that in this type of ad the built-in image is the message.*

In den deutschen wie in den englischen und amerikanischen Stuyvesant-Anzeigen sind es Darstellungen internationaler Flughäfen mit den erregenden Namen ferner Länder und Städte, die das verlockende *image* der Zigarette ausmachen. Ein Werbefachmann formulierte die Wirkung der Markenbildwerbung *(image advertising)* auf die Raucher so: „*People have a terrific loyalty to their brand of cigarette and yet in tests cannot tell it from other brands. They are smoking an image completely.*" [3]

Artikel, die über solches *image advertising* auf den Markt gebracht werden, sind neben Zigaretten vor allem Spirituosen und Kosmetika. Will

---

3 Zit. nach *Packard, V.:* The Hidden Persuaders. Penguin Books S 185. S. 45.

man den Grundsatz der *Image*-Werbung auf eine Formel bringen, so könnte man den Ausspruch eines Lederfabrikanten zitieren: „*Don't try and sell shoes, sell lovely feet.*" Andere Produkte verbinden diese Werbemethode mit der von Ogilvy propagierten Faktenwerbung. Bei ihr tritt die Sprache als Werbemedium stärker in den Vordergrund. Diesem Anzeigentyp wollen wir uns jetzt zuwenden.

Die sprachlichen Mittel der Werbung

Wenn bei der Faktenwerbung das werbende Medium nicht so sehr das Bild als vielmehr die Sprache ist *(The more you tell, the more you sell!* Vgl. *The Body Copy 3*, S. 117), dann darf man annehmen, daß die Texte dieser Anzeigen sehr sorgfältig verfaßt sind. Solche Texte zu „interpretieren" müßte sich lohnen.

Dem Philologen ist die Textinterpretation Grundlage seiner Arbeit. Schüler zeigen jedoch häufig eine starke Abneigung gegen die interpretierende Erhellung von Texten: es werde dabei, so hört man, zu viel in die Dinge „hineingeheimnist". Zu meiner Überraschung aber konnte ich feststellen, daß das „Interpretieren" von Werbeanzeigen diese Abneigung nicht erweckte. Den Schülern war rasch klarzumachen, was bei Ankommen oder Nicht-Ankommen einer Anzeige auf dem Spiele steht[4]. Sie sahen ein, daß die Texte sprachlich so geschickt ausgetüftelt sein müssen, daß sie „einschlagen". Vielleicht bewirkte diese prosaische Erklärung, daß die Schüler nicht bemerkten, wie sie sich hier auf etwas einließen, was von der Interpretation dichterischer Texte gar nicht so weit entfernt war. Versuchen wir bei einem Sprachkunstwerk zu „begreifen, was uns ergreift" (E. Staiger), so ging es uns jetzt darum herauszukriegen, wie man uns herumkriegen will *(to get at how we are being got at)*. Dadurch neutralisierte sich offenbar für die Schüler das Odium der Textbetrachtung. Keine Sorge, es soll hier nicht eine propädeutische Interpretationslehre entwickelt werden. Insofern die Schüler aber dazu gebracht wurden, Texte nicht nur daraufhin zu lesen, was sie sagen, sondern auch wie sie es sagen, könnte der Interpretationskunst das Feld ein klein wenig vorbereitet worden sein[5].

Werfen wir zunächst einen Blick auf die lexikalischen Dinge. Am auffälligsten war hier ein bestimmter Typ des Wortverbandes, den wir wegen

---

4 „*In 1961 the cost of a full page in a single issue of a mass-circulation monthly magazine ran as high as $ 39,250 (black and white); in a popular weekly magazine $ 47,050 (four-color).*" Zit. nach der Encyclopedia International. New York 1963.
5 Vgl. hierzu *Leech, G. N.:* English in Advertising. London: Longmans 1966.

seines charakteristischen Kettenbaus kurz mit *hyphenated string* beschrieben. Die Aufdröselung solcher *strings* ist lehrreich, zeigt sie doch die starke sprachliche Komprimierung, die sich bei der Einbettung von ursprünglichen *postmodifiers* in die Stellung von *premodifiers* vollzieht. Einige Beispiele:

a) a rent-a-car company:
   a company that rents (out) cars to people;
b) that fabulous front-wheel-drive ride:
   that fabulous ride you get in a car whose motor drives the wheels at the front of the car;
c) a come-as-you-are party:
   a party you can come to as you are, i. e. without changing first;
d) (This new floor polish is) not one of those half-and-half, clean-and-shine-in-one jobs:
   not one of those jobs (= *Mittel*) that are a mixture of one half cleanser and one half wax and which claim that they can clean and polish at the same time;
e) hit-or-miss, do-it-yourself travel arrangements:
   travel arrangements you make yourself and in so doing run the chance of either getting what you want (a hit) or being disappointed (a miss);
f) the BP after-hours-serve-yourself-note-acceptor-Superblend-Pump:
   the BP petrol pump from which you can serve yourself after closing time and which accepts (not only coins but also) paper notes and which allows you to make your own blend of normal plus super petrol;
g) the new-deal-fabulous-finish-super-accelerating-road-hugging-fantastic-five-seater new-deal-wonder-car:...?

Am letzten Beispiel kann man sich selbst die Zähne ausbeißen. (Es handelt sich um zwei *compound strings;* der erste Wortverband – *the new deal-... -five-seater* – wurde als Ganzes zum *Nomen agentis* konvertiert und steht attributiv zum zweiten Wortverband, dem *new-deal-wonder-car.*)

Wenn auch einige der Beispiele forciert erscheinen, so ist doch das spielerische Element so deutlich, daß wir rasch wieder versöhnt sind. Ogilvy warnt zwar ausdrücklich vor jeder Sprachkünstelei (vgl. *The Headline 8,* S. 116; *The Body Copy 6,* S. 117), und doch fiel uns auf, wie häufig man gerade Wortspiele in den Anzeigen findet. Einige Beispiele:

a) *A totally new cigarette. Longer than long. Kinger than King Size.*
b) *Contac can head your sneeze off before you sneeze your head off.* (to head off = abwenden)
c) *Haste makes sense.* (statt: *Haste makes waste.*)
d) (Aus einer Anzeige für Brandy; das Farbfoto zeigt in kräftigem Braun eine Flasche mit Paul Masson Brandy; dahinter stehen in blassem Grau Scotch-, Gin-, Bourbon- und Wodkakaraffen:) *Tired of Brand X? – Brand Y* (was sagen will: *Then try brandy.*)

e) (Wie bekämpft man eine Erkältung?) *Here is our system, in capsule form. (in capsule form:* 1. *in a nutshell,* kurz und bündig; 2. *in the form of capsules.* Die Firma bietet ihr Mittel in Gelatine-Kapseln an.)
f) *Show me a filter cigarette that really delivers taste and I'll eat my hat.* (Darunter das Bild einer jungen Dame, an deren Strohhut ein bißförmiges Stück fehlt.)
g) (Das Illustrationsfoto zeigt ein Glas mit B & B-Likör, das auf Felsbrocken steht:) *The Smartest Thing on the Rocks (on the rocks:* 1. auf den Felsbrocken; 2. ein Getränk mit Eiswürfeln).
h) (Aus einer Anzeige für das neue Modell eines elektrischen Rasierapparats, das von Netzanschluß auf Batterie umgestellt wurde:) *Independence Day. Shaver loses cord – gains freedom. Today our Remington Selectric severed its connection with the Mother Plug – the new Remington Selectronic Cordless. What price freedom? A recommended 15¹/₂ gns.*

Hier sind gleich zwei Wortspiele ineinandergeflochten: einmal die historische Anspielung auf die Loslösung der amerikanischen Kolonien vom Mutterland – *Independence Day, 4th of July; Mother Plug/Country* – und zum anderen das Wortspiel mit *cord* = Kabel und *(umbilical) cord* = Nabelschnur.

Man sieht, der Leser muß auf der Hut sein. Was versprechen sich die Werbefachleute von solchen Sprachspielereien? Ich glaube, sie wissen, daß wir alle eine heimliche Freude daran haben, wenn der Sprache ein Schnippchen geschlagen wird, plagt uns die alte Lehrmeisterin doch seit unseren ersten Schultagen. Es ist uns ein Schulbubenvergnügen, die Gestrenge etwas in Verwirrung gebracht zu sehen. In diesem Punkt kann der Werbefachmann mit unserer Sympathie rechnen. Aber bedenken wir noch ein zweites: ein bißchen Köpfchen gehört schon dazu, um zu merken, was hier gespielt wird. Wer wäre über eine kleine Selbstbestätigung erhaben? Und wer könnte dem widerstehen, der einem zeigt, was für ein heller Kopf man ist?

Zu weit darf man solche Spielereien natürlich nicht treiben, sonst verwirrt man am Ende noch den Kunden. Kann dem Leser mit vereinzelten Wortneuprägungen und Wortspielen gelegentlich etwas zugemutet werden – es hat dies, wie wir sahen, seine kalkulierten psychologischen Gründe, wenn es geschieht –, so beobachtet man andererseits auf dem Gebiet der Syntax den deutlichen Versuch, den Leser zu entlasten. **Hier wird alles getan, was die leichte Lesbarkeit fördert.** Der unerwartete Ausdruck mit seinem besonderen Überraschungs- und Merkwert wird daher in sehr einfache Satzstrukturen eingebettet, Satzstrukturen, denen zudem noch häufig durch parallelisierende Wiederholungen innerhalb einer Anzeige eine hohe Erwartungswahrscheinlichkeit *(predictability)* gegeben wird. Mit anderen Worten: hat der Leser in den ersten paar Zeilen erfaßt, welches *sentence pattern* den Text in seinem Aufbau bestimmt, dann braucht er beim Weiterlesen seine Aufmerksamkeit nur noch auf die substitutiv variierten Teile der Sätze zu konzentrieren. Da der Leser bei einem solchen syntaktischen Parallelismus also von Substitutionsglied zu Substitutionsglied mit dem Auge springen kann, versucht der Werbetexter *(copy writer)*, all das, was er zu sagen hat *(the message)*, an diesen Substitutionsstellen der Sätze unterzubringen.

Ein Beispiel aus einer Anzeige des amerikanischen Autoverleihs Hertz:

Headline: Death of a traveling salesman *(literarische Anspielung!)*
Body Copy: We can do more than rent a car. For instance,
 if you don't know how to get where you're going,
  we'll give you a map and diagram the route.
 If you run short of money,
  we'll lend you $10 cash.
 If you get caught in the rain without a raincoat,
  we'll give you a raincoat.
 If you're a stranger in any of 33 cities,
  we'll give you a survival manual that tells where to find anything else you may need.
 If you're in a hurry to return one of our cars,
  we won't make you stand in line – our express check-in lets you toss the rental agreement on our counter and run.
 And if none of these solutions solves your problem,
  we'll work out one that does.
 Or at least give you a shoulder to cry on.

Fast die ganze Anzeige basiert sprachlich auf der einen Satzstruktur *If you + Pres. Tense...we'll + Infinitive...* Da sich der grammatische Rahmen ständig wiederholt, ergreift das Auge bald nur noch die Lexeme. Man beachte, wie hier etwa die in gleichem Maße erschreckende wie beruhigende Prägung *a survival manual* dem Leser, auch dem raschen Leser, ins Bewußtsein gerückt wird.

Der Bedingungssatz dieses Typs *(If + Pres. Tense...'ll + Inf.)* ist, so konnten wir bei unseren Untersuchungen in der Klasse feststellen, eine der häufigsten grammatischen Strukturen in Werbeanzeigen[6]. Man kann mit

---

6 Bedingungssätze im *Past* sind dagegen selten. Die Uhrenfirma Rolex hat in jüngster Zeit eine Anzeigenserie in verschiedenen englischen Zeitschriften lanciert, deren Schlagzeilen alle den Bedingungssatz des *Past*-Typus zeigen *(If you were speaking here tomorrow, you'd wear a Rolex.* Bild: UN-Gebäude in New York); ebenso die Firma Horlicks *(If you told Horlicks drinkers...they'd just say...)*

Der Tempusgebrauch in Anzeigen wäre einer besonderen Untersuchung wert. Vorherrschend sind im allgemeinen die Tempora der *Non-Past*-Gruppe *(Present, Pres. Perf., Future, Fut. Perf.)*, dies übrigens ein Tempusbereich, der auf der Oberstufe gerne etwas zu kurz kommt.

Schülern getrost eine Wette darüber abschließen, daß sich diese Struktur bestimmt ein- oder zweimal in den *headlines* von Anzeigen einer Illustrierten oder eines Magazins findet. *When*-Sätze sind ebenfalls häufig, meist jedoch in konditionaler, seltener in temporaler Bedeutung *(When you use XYZ, you realize...).* Daneben sind natürlich Imperative stark vertreten *(Get the best... money can buy).* In Schlagzeilen fanden wir auffallend häufig die Struktur *How to... Where to... When to... (How to read a banana –* wie man eine Banane prüft). Eine sprachliche Auswertung solcher Dinge mit einer Oberklasse lohnt sich. Liest sich die Hertz-Anzeige mit ihrer Kette von *If*-Sätzen nicht fast wie eine Übung? *Structural drills* auf der Oberstufe interessant zu halten ist nicht leicht; der grammatische Parallelismus in Werbeanzeigen gibt die Möglichkeit an die Hand, sprachliche Probleme auf lebendige Weise an die Schüler heranzutragen. Hier noch zwei weitere Beispiele für den grammatischen Parallelismus.

Aus einer Anzeige für *credit cards* (Scheckkarten):

A businessman, for instance.
He needs a credit card that gives him the biggest possible choice of airlines because he does a lot of flying.
He needs a credit card that gives him the biggest possible choice of hotels because he is out of town a lot.
He needs a credit card that gives him the biggest possible choice of restaurants because he wines and dines a lot of people.
He needs a credit card that gives him the biggest possible choice of rent-a-cars.
And florists. And speciality shops.

Aus einer Anzeige für *Contac,* ein Mittel gegen Erkältung:

The sooner you put Contac to work on your cold...
...the fewer sniffles you'll sniff;
...the fewer sneezes you'll sneeze;
...the less teary and watery your eyes will be;
...the less stuffy your poor nose will get.
So why put off feeling good?
Contac. The sooner, the better.

Hat man einmal die sprachlichen Bauprinzipien einer Anzeige miteinander entdeckt, dann macht es den Schülern auch Freude, es den Werbeleuten nachzutun und selbst Anzeigen zu entwerfen. Gibt es eine besser getarnte Form der grammatischen Übung? Der Einfallsreichtum, den die Schüler dabei zeigen, belohnt einen für die Mühe, einmal das Unerprobte versucht zu haben.

Wenn es richtig ist, was wir oben über den grammatischen Parallelismus und seine Folgen für den Lesevorgang sagten — daß nämlich der rasche Leser die Lexeme aus ihren syntaktischen Scharnieren nimmt —, weshalb dann überhaupt noch Sätze? Warum gibt man nicht einfach stichworthaft die Liste der entscheidenden Lexeme und beschießt den Leser gleichsam mit geballter Ladung? In der Tat hat sich ein bestimmter Anzeigentyp in dieser Richtung entwickelt. Das Ergebnis sieht dann gelegentlich fast wie ein modernes Gedicht aus, in dem sich aufgereihte nominale Setzungen ihr eigenes Assoziationsfeld schaffen.

a) This is winter — rosettes of leather-green leaves by the fence,
and bare trees marking the sky —
This is winter, winter, winter, leather-green leaves
spearshaped in the falling snow.

b) Autumn for hunting, hiking, looking. Winter for skiing, skating, celebrating.
Picnics in the woods. Fishing in quiet lakes. Balmy weather.
Autumn is the time, and Michigan is the place.
Skiing. Swift slopes, gentle slopes, skiers' slopes all.
How many years of skiing have you missed in your life?
Winter is the time, and Michigan is the place.

Das erste Zitat (a) stammt aus dem Gedicht „Winter" des Amerikaners William Carlos Williams (1883–1963), der den *imagists* nahestand. (Wir haben die Verseinteilung hier nicht beibehalten; man verzeihe den kleinen Kniff.) Das zweite Zitat (b) ist eine Anzeige, die vom *Michigan Tourist Council* 1966 in „Holiday" veröffentlicht wurde. Der asyndetische Sprachstil dieser Werbung (wie auch des Gedichts) konzentriert sich auf nominale Lexeme; er will Bilder in der Vorstellung des Lesers wachrufen, er will beschwören. Hier leistet die Sprache das, was bei der *Image*-Werbung die Aufgabe der Bildillustration ist.

Ein anderes Mittel, dem Leser die Werbemitteilung in kleinen, blockhaften Einheiten anzubieten, ist das Aussperren von Satzteilen aus dem Satzverband mit Hilfe der Interpunktion. Einige Beispiele:

a) Why put off feeling good? When over 600 "tiny time pills" in each Contac capsule can help you feel better. Through every minute of every day of every cold you catch.

b) Just two Contac capsules a day. One in the morning. Another at night. That's all it takes to keep you ahead of every cold you catch.

c) First lay in your "Philly" (=*Philadelphia Käse*). Lots of it. Like for a siege. Because "Phillymaniacs" eat "Philly" with practically everything. On anything. In everything. Hot or cold. Sweet or savoury.

d) We asked industrial buyers if they used the Yellow Pages (=*Branchenverzeichnis des Telephonbuchs*) to find suppliers for their needs. Nine out of ten said they did. About 85 times a year. Each.

Dieser Stil steht der gesprochenen Sprache sehr nahe. Was auf der Druckseite wie ein Zerstückeln von Sätzen aussieht, entspricht in der Unterhaltung den stenogrammhaften Ansätzen und Zusätzen zu einer Aussage. Neben der Annäherung an den Gestus der gesprochenen Sprache gewinnt der Werbetexter hier in den Großbuchstaben aber auch ein Mittel zur graphischen Hervorhebung (vgl. *The Body Copy* 8 a–k, S. 117). Linguistisch interessant ist hier noch die Frage, wie die ausgesperrten Satzteile um den Satzkern, dem sie zugehören, gruppiert sind – gehen sie voraus (b), folgen sie nach (a, c, d) oder tun sie beides?

Nach den Wort- und Syntaxuntersuchungen nun noch ein Blick auf die gedankliche Gliederung der Werbeanzeigen.

Wie wird argumentiert? Wir können die Frage hier natürlich nicht erschöpfend beantworten, das Feld ist zu weit; wir möchten sie aber als methodischen Gesichtspunkt bei der Analyse von Anzeigen zu bedenken geben.

Die *Image*-Werbung argumentiert natürlich nicht; sie lockt und verlockt mit angenehmen oder erregenden Bildern. Anders die Faktenwerbung. Eine Werbeanzeige dieser Art wird schon in der Schlagzeile versuchen, den Leser in ein Argument zu verwickeln (vgl. *The Headline*, S. 116). Daher zeigt eine sehr große Zahl von Schlagzeilen die Form der Frage (oder eine frageähnliche Formulierung wie *How to... Where to... When to + Infinitive*). Daneben findet man häufig Imperative, die weniger zum Nachdenken als zum Handeln herausfordern. Als dritter Typ wäre noch die Schlagzeile zu nennen, die in der Form einer Aussage dem Leser eine Verheißung macht *(You can have... save... enjoy...)*. Nach allen drei Eröffnungsmöglichkeiten wird das „Argument" dann meist so weitergeführt, daß im Text *(body copy)* eine Beschreibung des Angebots (Ware, Reise usw.) folgt. Das Stichwort für den Angelpunkt der Beschreibung fällt häufig schon in der Schlagzeile, so daß ein glatter Übergang zum Text hin besteht. Die Beschreibung selbst ist so abgefaßt, daß sie die überzeugende **Beantwortung der Frage in der Überschrift** bringt bzw. die triftige Begründung für die einleitende Aufforderung oder Verheißung enthält. Der Schluß kommt dann (oft von einem *so, because* oder *that's why* u. ä. eingeleitet) auf den Anfang zurück und zieht das Fazit aus dem Ganzen.

Dies kann freilich nur eine sehr grobe und schematische Skizzierung der Argumentsführung sein; in der Praxis finden sich viele Variationen des Schemas. Zwei Beispiele:

Aus einer amerikanischen Anzeige für den VW-Kombiwagen:

Headline: What do other station wagons have that a Volkswagen doesn't?

Die Schlagzeile stellt eine Frage, die den Leser zu einem Vergleich anhält. Ihr besonderer Herausforderungscharakter besteht darin, daß man sich überlegen soll, was ein Volkswagen alles *nicht* hat.

Body Copy: 1. A snazzy[7] looking body.
Compared to other station wagons, a Volkswagen comes off kind of plain, styleless and boxy looking. But that's the beauty of it. Because it's shaped like a box it can hold about twice as much as stylish wagons.

Punkt 1 nennt in einer Zwischenüberschrift *(subhead)* die erste Antwort. Der Text selbst beginnt folgerichtig mit *Compared to...;* der Angelpunkt für den Vergleich war schon in der *headline* angelegt. In fünf Punkten dieser Art gibt dann der weitere Text Antwort auf die eingangs gestellte Frage. Der Schluß der Anzeige lautet:

That's our Volkswagen Station Wagon.
Because of what it doesn't have, it doesn't have much in common with other wagons. It doesn't look like one, it doesn't act like one and it can carry about twice as much as one.
Come in and take a look.
We think you'll like what you don't see.

Das Resümee wird mit *Because...* eingeleitet; mit ihm kehren wir wieder zum Anfang zurück *(what it doesn't have)*. Jetzt allerdings wissen wir, daß die fünf Dinge, die ein VW-Kombi nicht hat *(1. A snazzy looking body, 2. An engine in the front, 3. A drive shaft, 4. A radiator, a water pump and hoses, 5. A bulky frame)*, dem Wagen nicht zum Nachteil geraten, sondern daß sie gerade seine Vorzüge ausmachen – darin liegt das Verblüffende des Arguments, das als regelrechtes *argumentum e negativo* aufgebaut ist.

Ein zweites Beispiel, an dem sich der Leser selbst versuchen kann:

Illustration: (An American Express Credit Card)
Headline: With a card like this, who needs cash?
Body Copy: One card lets you "sign and fly" to Paris or any place around the world. Choose from 91 airlines.
One card lets you sleep at over 20,000 hotels and motels around the world.

---

7 *snazzy* = stilvoll, elegant.

One card lets you charge everything at over 19,000 famous restaurants around the world.
One card lets you charge cars, gas, and gifts.
That one card is American Express – the worldwide travel and entertainment card.

(Man beachte den anaphorischen Bau der Sätze, ihre schichtende Anordnung zur Klimax hin am Ende. Wieder führt der Schluß zurück zum Anfang, der Illustration und der Schlagzeile.)

Zum Schluß unserer sprachlichen Betrachtungen wollen wir noch das Problem der Übersetzung aufgreifen. Wir schilderten schon, wie wir zu unserer Überraschung den bekannten Stuyvesant-Slogan „Der Duft der großen weiten Welt" in englischen und amerikanischen Anzeigen durch den Slogan *„The Passport to International Smoking Pleasure"* ersetzt fanden. An dieser Tatsache entzündete sich eine Diskussion in der Klasse: Was heißt „übersetzen"? so fragten wir uns. Was uns hier in den beiden Stuyvesant-Slogans vorlag – konnte das noch als „Übersetzung" gelten? Ein Hinweis aus dem Werk *„The Linguistic Sciences and Language Teaching"* [8] half uns weiter. Die Verfasser schreiben dort:

„If we are assessing whether an English text is an acceptable translation of a French one we do not judge it by whether each grammatical category has been replaced by its nearest formal equivalent, one clause always being rendered by one clause or an active verbal group always by an active verbal group. We regard translation as the relation between two texts playing an identical part in an identical situation." [9]

Ein Text gilt demnach als Übersetzung eines anderen Textes, wenn beide Texte in derselben Situation dieselbe Rolle spielen. Diese Auffassung sieht also in der Wirkung, die ein übersetzter Text ausübt, den Gradmesser für die Qualität der Übersetzung. Im Idealfalle müßte die Wirkung der Übersetzung der des Originals entsprechen, denn übersetzen in diesem Sinne heißt *to make two texts play an identical part in an identical situation.* Einschränkend fügen Halliday, McIntosh und Strevens über das Verhältnis von Original zu Übersetzung noch hinzu: *„Like with ,synonyms', this is a ,more or less' relation, not a ,yes or no' relation."* [10]

Gelingen kann dieses Verfahren also nur näherungsweise. Versucht man in diesem Sinne „wirkungsgerecht" zu übersetzen, so wird man sehr genau

---

[8] *Halliday, M. A. K. / A. McIntosh / P. Strevens:* The Linguistic Sciences and Language Teaching. London: Longmans 1964.
[9] a.a.O., S. 123–124.
[10] a.a.O., S. 124.

den kulturellen, geschichtlichen und gesellschaftlichen Hintergrund der Menschen bedenken müssen, für die man übersetzt, denn vor diesem Hintergrund ordnen sich für sie alle Inhalte ein.

In seinem Buch „Zielsprache"[11] gibt Fritz Güttinger ein lehrreiches Beispiel für wirkungsgerechtes Übersetzen. Der Held aus John Braines Roman *„Room at the Top"*, Joe Lampton, sagt einmal, er sei den trostlosen Verhältnissen seiner Jugend entflohen, auch dem ewigen *„fish and chips"*. Daraus, so meint Güttinger, dürfe nun nicht „Fisch mit *Pommes frites"* werden, denn das würde beim deutschen Leser alles andere als die Vorstellung eines sattsam bekannten, billigen Essens erwecken – das aber der Autor wohl gemeint hat. Eine Übersetzung wie „Wurst und Brot" käme der Absicht des Originals dagegen schon näher[12].

Das Übersetzen in diesem Sinne war allerdings etwas anderes als das, was wir bisher darunter verstanden hatten. Daß die Werbefachleute jede Anstrengung unternehmen würden, um bei ihren Lesern die richtige Wirkung zu erzielen, d. h. um bei ihnen „anzukommen", daran hatten wir keinen Zweifel. Wir konnten den Werbetextern also getrost unterstellen, daß sie bemüht sein mußten, „wirkungsgerecht" zu übersetzen. Die beiden Stuyvesant-Slogans, den deutschen und den englisch-amerikanischen, faßten wir jetzt als wirkungsgerechte Übersetzungen auf, zumindest von der Funktion der Texte her, da sie ja in derselben Situation (Werbeanzeige in einem Magazin) dieselbe Rolle zu spielen haben. Wüßten wir noch, wie gut sie ihre Rolle vor dem jeweils anderen kulturellen, geschichtlichen und gesellschaftlichen Hintergrund spielen, so gäbe uns das Auskunft über die Qualität der Übersetzung.

Man verstehe uns recht: hier soll keine revolutionäre Vorstellung vom Übersetzen ins Klassenzimmer getragen werden. Es hat uns einfach Freude gemacht, die Dinge einmal über den üblichen Schulhorizont hinaus durchzudenken. Vor Jahren haben Wolfgang Schadewaldt und Emil Staiger beim Züricher Symposion das Übersetzungsproblem auf die Formel gebracht: „Soll man Sophokles ins Deutsche oder das Deutsche in Sophokles übertragen?" Wie überall, wo man über Sprache nachdenkt, lassen sich auch hier die Dinge nicht prinzipiell lösen; Äußerungsintention und -situation bleiben die ständigen lebendigen Regulative alles Sprachlichen.

Um unsere Überlegungen etwas zu verdeutlichen, fügen wir noch einen sprachlichen Vergleich einer englischen und einer deutschen Anzeige an.

---

11 *Güttinger, F.*: Zielsprache – Theorie und Technik des Übersetzens. Zürich: Manesse 1963.

12 a.a.O., S. 68.

Die englische Anzeige stammt aus dem „*Observer Colour Magazine*", die deutsche aus dem „Spiegel". Die Anzeigen warben für einen Besuch der Bahama-Inseln. Beide Anzeigen sind im Layout zum Verwechseln ähnlich. Das ganzseitige Farbfoto zeigt in beiden Fällen ein Eingeborenenmädchen, das in der Dämmerung um ein offenes Feuer am Strand tanzt. In der rechten unteren Bildecke der Text (wir geben nur den Anfang wieder):

Headline:
Are you big enough for
the Bahamas?

Body Copy:
1. Too much for most people!

2. 700 islands scattered over hundreds of miles of sea.
3. Too much tropical sun.

4. Too much vibrant life – sailing, fishing, scuba-diving, shooting, riding, golfing, drinking, laughing, dancing life!
5. Too much for the timid – and, of course, a Bahama Islands holiday can never be cheap.

Schlagzeile:
Haben Sie den Mut für
die Bahamas?

Text:
1. 700 Inseln, verteilt über Hunderte von Seemeilen.

2. Für die meisten Leute bieten die Bahamas einfach zuviel.
3. Zuviel strahlende Sonne, zuviel pulsierendes Leben, zuviel Schönheit und Abenteuer auf einmal.
4. Zuviel Segeln, Fischen, Tauchen, Schießen, Reiten, Golfen, Trinken, Lachen, Tanzen.

5. Zuviel für die Schüchternen, für die Stubenhocker, für die Mittelmäßigen.

6. Natürlich, Ferien auf den Bahamas sind nicht ganz billig.[13]

Die Schlagzeile

Die englische Schlagzeile erhält ihren Sinn erst in Verbindung mit dem Bild; ohne diesen *context of situation* wäre die Formulierung so ungewöhnlich, daß sie Gefahr liefe, nicht verstanden zu werden. Vor dem Hintergrund der tanzenden Eingeborenen, des Meeres, Feuers und des dämmrigen Himmels ruft das *big* Vorstellungen von körperlicher Ausgelassenheit und Kraft hervor. Die deutsche Schlagzeile ist in sich verständlich, sie braucht das Bild nicht unbedingt, obgleich auch hier der Bildinhalt den Sinn der Worte beeinflußt: er lenkt die Frage des Muts eindeutig in die Richtung des Körperlichen.

---

13 Die Numerierung der Sätze wurde von mir vorgenommen; ihre Reihenfolge entspricht den Quellen. Gesamtlänge der Texte: jeweils 13 Sätze.

Der Text

Die Reihenfolge von Satz 1 und 2 ist vertauscht. Der deutsche Text gibt im ersten Satz eine sachliche Vorstellung vom Ausmaß dessen, was den Touristen erwartet (700 Inseln, Hunderte von Seemeilen), und unterstreicht damit die Frage nach dem „Mut". Der erste englische Satz setzt hingegen die Herausforderung seiner Überschrift fort, indem er den Leser mit *most people* in einen Topf werfen will. Erst im zweiten Satz gibt der englische Text eine Begründung für seine Frage in der Überschrift. („Hunderte von Seemeilen" ist ebenfalls sachlicher als *hundreds of miles of sea;* Seemeile = *nautical mile!)* Aus dem elliptischen *Too much for most people* (Satz 1) wird im deutschen Text „Für die meisten Leute *bieten* die Bahamas einfach zuviel" (Satz 2). Durch dieses *„bieten"* bereitet der deutsche Text seine Aufzählung vor: „Zuviel strahlende Sonne...." (Satz 3); „Zuviel Segeln..." (Satz 4); „Zuviel für die Schüchternen..." (Satz 5). Die englische Anzeige beginnt die drei folgenden Sätze (Satz 3, 4 und 5) ebenfalls mit *Too much.* Mit diesen Anaphern scheint der englische Text an Satz 1 anzuknüpfen, der Parallelismus ist aber rein äußerlich. In Satz 1 steht das einleitende *Too much* elliptisch für *They are too much* (die Überschrift verlangt diese Auffassung), während in Satz 3, 4 und 5 *Too much* als elliptische Ausdrucksweise für *There is too much* zu verstehen ist. Der englische Text entwickelt sich hier sprunghafter, gefühlsbetonter, während der deutsche Text sein Argument geradliniger und ruhiger aufbaut. In Satz 3 der deutschen Anzeige erscheint allerdings ein Ausdruck, der ein deutliches emotionales Element einführt und wofür im englischen Text zunächst kein Pendant zu sehen ist: „zuviel Schönheit und Abenteuer auf einmal". Dem entspricht im Englischen am ehesten noch die Turbulenz der attributiven Partizipien zu *life (sailing, fishing, scuba-diving, shooting, riding, golfing, drinking, laughing, dancing life);* im deutschen Text werden Substantive daraus (Segeln, Fischen... Golfen[14]...). Man beachte auch, daß für *tropical sun* im Deutschen „strahlende Sonne" in Satz 3 steht; offenbar ist für den Engländer *tropical* mit angenehmeren Vorstellungen verbunden als das Wort „tropisch" für den Deutschen. Vielleicht fürchtet der deutsche Werbetexter die Gedankenverbindung zu „tropischer Hitze". Außerdem fällt noch auf, daß dem englischen Leser zugemutet wird zu wissen, was

---

14 Wollte man die Frage aufwerfen, welche der beiden Anzeigen als Original, welche als Übersetzung zu gelten habe – wir haben diese Frage bisher stillschweigend übergangen, da sie in unserem Zusammenhang unerheblich ist –, so hätte man in dem Neologismus „Golfen" (=Golf spielen) ein Indiz dafür, daß der englische Text dem deutschen wohl vorausgegangen sein muß.

scuba-diving[15] ist, obgleich es sich nicht im *COD* findet; im deutschen Text ist lediglich von „Tauchen" die Rede (Satz 4).

Für *the timid* (Satz 5) setzt das Deutsche gleich drei Ausdrücke, „die Schüchternen", „die Stubenhocker", „die Mittelmäßigen"; es ist aufschlußreich zu sehen, welche Vorstellungen der deutsche Text anspricht, um seine Wirkung zu tun. Nach diesem massiven Angriff geht man im nächsten Satz (6) um so diplomatischer vor: „Natürlich, Ferien auf den Bahamas sind nicht ganz billig." Damit verglichen klingt das englische „*of course, a Bahama Islands holiday can never be cheap*" geradezu provozierend forsch.

Das soll genügen. Der Grundgedanke ist deutlich geworden: Wir fragten uns, wie zwei Texte in verschiedenen Sprachen aussehen, die in derselben Situation dieselbe Rolle zu spielen haben. Hier kann der eine Text als wirkungsgerechte Übersetzung des andern betrachtet werden, auch wenn es sich um zwei unabhängig voneinander entstandene Texte handeln sollte. Zweisprachige Lexika müssen über einen solchen Rollenvergleich entstanden sein – das machten wir uns in der Klasse klar –; da sie aber nur an der Rollenaussonderung des einzelnen Lexems interessiert sind, lassen sie den Lernenden nur allzuoft im Stich.

Die Werbung der Reise- und Touristenbüros

Werbung ist kulturkundlich aufschlußreich, gibt sie doch Hinweise darauf, welcher Lebensstil einem Volk oder einem Teil eines Volkes begehrenswert erscheint. Etwas zugespitzt könnten wir sagen: Zeige mir die Werbung eines Landes, und ich sage dir, wie sein Volk lebt.

Erweitern wir diesen Gedanken noch etwas. Müßte es nicht interessant sein, die Werbung, die die einzelnen Nationen für sich selbst im Ausland betreiben, einmal genauer zu betrachten? Könnte sich aus der Werbung der Reise- und Touristenbüros nicht so etwas wie ein „Völkerspiegel" ergeben? Sicher, vorausgesetzt, wir fassen die Touristenwerbung nicht als eine Art „nationaler Selbstdarstellung" des werbenden Landes auf. Wie überall in der Werbewelt paßt sich auch hier der Werbende dem Umworbenen an. Die Touristenwerbung lockt daher weniger mit dem, was die Wirklichkeit eines Landes ist, als mit dem, was der umworbene Ausländer dort sucht. Aus diesem Grunde gibt die Werbeanzeige eher Aufschluß über den Umworbenen als den Werbenden. Einige Beispiele:

---

15 *Scuba* = ein Akronym aus *s*elf-contained *u*nderwater *b*reathing *a*pparatus.

Aus einer Anzeige in „*Harper's Magazine*", veröffentlicht 1967 von *British Travel*. Werbeziel: amerikanische Touristen sollen zu einem Englandbesuch ermuntert werden.

Illustration: Farbfoto einer Londoner *pub;* davor ein Schotte mit Schottenrock und seine Freundin im Mini-Rock. Die beiden gehen Hand in Hand auf die *pub* zu.
Headline: A pub is a come-as-you-are party
Body Copy: (Auszug) A pub is where you don't worry whether you'll fit in or not. You will. Everyone does. You'll meet every sort from the neighborhood (Covent Garden, where Eliza Doolittle sold flowers). You'll be welcome, too. And not just to look at us all and remark on how quaint we are. You can talk to us. Politics. Theater. Darts tactics. The quality of the beer....

Wer gewohnt ist, sein Bier im Wagen in einem *Drive-in-Restaurant* zu trinken, dem könnte es beim Anblick einer alt-ehrwürdigen Institution wie der einer *pub* vielleicht etwas unbehaglich werden – wie benimmt man sich dort? Was zieht man an? Der Text beruhigt: *Come as you are.* Die Gesellschaft, die du antriffst, ist buntgewürfelt *(mini-skirt* und *kilt).* So anders und sonderbar *(quaint)* geht es da nun auch wieder nicht zu, schließlich spricht man ja dieselbe Sprache, die Leute sind ansprechbar *(you can talk to us),* gemeinsame Bekannte hat man auch (Eliza Doolittle, aus *„My Fair Lady")* und das Bier, das berühmte, man müßte mal sehen, wie sich das vergleicht *(the quality of the beer)...* Die Anpassung an den umworbenen amerikanischen Touristen ist deutlich.

Ähnlich aufschlußreich der Anfang einer Anzeige der japanischen *National Tourist Organization* in *„Holiday"* (1966):

Come to Japan where cities are alive with color and excitement... filled with treasure-crammed shops, restaurants, modern hotels and traditional Japanese inns. Come to Japan where transportation is the finest in the world!

(Die Punkte hinter *excitement* zeigen keine Auslassung an; der hier abgedruckte Text gibt das Original wieder.)

Man beachte, in welcher Reihenfolge die Attraktionen genannt werden und welcher Art sie sind *(cities – treasure-crammed shops – restaurants – modern hotels – traditional Japanese inns).* Und wirft nicht der letzte Satz ein bezeichnendes Licht auf den Umworbenen, den Amerikaner, der sich die Fortbewegung nur noch mittels *transportation* vorstellen kann?

Eine Lufthansa-Werbung aus dem Jahre 1965. In einem Heft der amerikanischen Illustrierten *„Look"* fanden wir eine ganzseitige Anzeige, die ganz direkt das *Image* der Deutschen in Amerika anspricht:

Headline: The warm, friendly, loveable Germans invite you to fly with them.
Illustration:(Farbfoto; vier Lufthansa-Kapitäne stehen, die Arme eingeschlagen, vor einem Flugzeug und blicken übellaunig (!) zum Betrachter her.)
Body Copy: Maybe that will be our image (!) in a hundred, or a couple of thousand years. At least we hope so. But right now, people love our machines far more than they love us. After all, we are known more for technical abilities than for gay, carefree attitudes. And there's one time we're glad this is so: when a crew and mechanics are making an airplane ready for flight.
Anyone who takes such good care of you in the sky can't be all bad here on earth.

Schlagzeile und Text vermitteln dem amerikanischen Leser gleich zwei Klischee-Vorstellungen über die Deutschen. Was die Schlagzeile mit provozierender Überschwenglichkeit verschenkt, das nehmen Bild und Text gleich wieder zurück. Und doch bleibt nach dem Saldo ein kleiner Rest, ein winziges Haben: *Anyone who takes such good care of you in the sky can't be all bad here on earth.*

Man bedenke: 20 Jahre nach dem zweiten Weltkrieg wird diese Rechnung aufgemacht. Ogilvy, Benson & Mather hat die Anzeige entworfen, die Deutsche Lufthansa hat sie gutgeheißen. Das gab uns zu denken. – Mit diesem Beispiel wollten wir keine nationalistischen Feuer schüren. Eines aber ist gewiß: Was immer die deutsche Fluggesellschaft und ihre amerikanische Werbeagentur zu dieser Anzeige bewogen hat, in unseren Lesebüchern steht davon nicht viel geschrieben.

Arbeitsvorschläge

Wer das Thema *Advertising* mit seiner Oberklasse einmal behandeln will, dem seien hier in Stichworten noch einige Anregungen gegeben.
1. Gemeinsame Analyse von Werbeanzeigen in „*Time*", „*Newsweek*" usw. mit Hilfe der Ogilvyschen Gesichtspunkte (Vervielfältigung der Gesichtspunkte für die Hand der Schüler). Als Hausaufgabe (schriftlich): *Pick out one advertisement from those in our magazine and analyse it in the light of Ogilvy's views.*
2. *Find an advertisement that is not in keeping with Ogilvy's views; say what makes it different.*
3. *Pick out all the advertisements for cars (or cosmetics etc.) and say what they have in common.*

4. *Give a description of the illustration of an advertisement (people; things; actions). Try and find as many meanings in the picture as you can. Is there any special appeal for men, women or children in it?*
5. Man zeigt der Klasse eine Anzeigenillustration; der Text bleibt verdeckt: *Write a short piece of copy that could be used with this picture.*
6. *Write a piece of copy for
 a) something useful;
 b) something completely useless (e. g. bed socks for pet tortoises). Illustration optional.*
7. *Look at all the advertisements in your magazine. What age group(s) do you find the ads directed at? What professions? Which sex?*
8. „Wirkungsgerechte Übersetzung" einer Anzeige ins Deutsche.
9. *Introduce a friend of yours to the public using advertising techniques.*
10. *A slogan competition (for a dishwasher; an electric shaver etc.).*
11. *Give a five-minute report on the history of advertising.* (Material findet man in einer Enzyklopädie.)
12. *Mail order catalogues* (so man hat); berühmt ist der von Sears, Roebuck & Co, 4660 Roosevelt Blvd, Philadelphia, Pa., 19132 USA (kann kostenlos angefordert werden). Er bringt detaillierte Beschreibungen der angebotenen Dinge und ist reich bebildert. Zu verwenden für *object lessons*, aber auch unter sozialem Aspekt interessant: Treten Farbige als Fotomodelle auf? Zusammen mit Weißen?
13. Für gute Schüler zur häuslichen Lektüre: Vance Packard, „*The Hidden Persuaders*", Penguin S 185; David Ogilvy, „*Confessions of an Advertising Man*", Dell Book 1448.
14. Einen Blick hinter die Kulissen der amerikanischen Werbeagenturen gewährt die Zeitschrift „*Marketing/Communications*" (früher „*Printer's Ink*"). In Amerika-Häusern auszuleihen. Besonders interessant die Spalte „*Which Ad Pulled Most*", ein Vergleich von Anzeigen, die für dieselbe Sache auf verschiedene Weise mit verschiedenem Erfolg warben.
15. *Advertising — Pros and Cons (Make a list of the arguments for and against advertising; discuss them in class.)* [16].

„*Now we're talking your language*" [17] sagt der Werbeslogan einer amerikanischen Autofirma (Buick, 1968). Wie diese Sprache aussieht, in Schrift und Bild, das war die Frage, die uns bei unseren Untersuchungen zum

---

16 Vgl. dazu *Orton, E. / P. H. Stoldt:* Discussing and Debating. Stuttgart: Klett 1968. Kap. II, 7: Is there too much advertising?

17 Im Deutschen vielleicht wiederzugeben mit „Jetzt verstehen wir uns".

Thema *Advertising* leitete. Wir kamen dabei an Lebensbereiche heran, die wir im Unterricht sonst nur selten oder gar nicht berühren und die doch die Wirklichkeit eines großen Teils des englischen und amerikanischen Volkes bestimmen. Als Spiegel der Lebensgewohnheiten der Menschen vermag die Werbung kulturkundliche, soziologische und psychologische Einsichten zu vermitteln und, was noch mehr ist, sie vermag diese Einsichten anschaulich zu vermitteln.

Explaining America to Americans – so definierte die amerikanische Fachzeitschrift „*Marketing/Communications*" die vornehmste Aufgabe der Werbung in ihrem Lande. An diesem Vorgang haben wir bei unserer Unterrichtsreihe als Zaungäste teilgenommen.

Die erlebte Rede in moderner englischer Prosa

Beschreibung des Phänomens – Methodische Folgerungen

Romane und Erzählungen neuerer Zeit, die den Versuch machen, Bewußtseinsvorgänge ihrer Helden widerzuspiegeln, bedienen sich hierzu häufig einer Darstellungsweise, der man den Namen „erlebte Rede" gegeben hat[1]. Wir wollen – von Beispielen ausgehend – eine Aufzählung und Beschreibung der sprachlichen Mittel dieser Darstellungsweise versuchen.

Da eine große Zahl der Lektüren, die wir im Englischunterricht der Mittel- und Oberstufe behandeln, diese Darstellungsweise verwendet, die gängigen Schulgrammatiken jedoch – von einer Ausnahme abgesehen[2] – dieses sprachliche Phänomen nicht kennen, erscheint eine grammatische und stilistische Beschreibung angebracht. Dabei soll der literarhistorische Aspekt, die Frage nach den Bedingungen für das Entstehen und die Entwicklung dieser sprachlichen Erscheinung, nur am Rande berührt werden.

Vorläufige Begriffsbestimmung

Um das Beschreibungsverfahren zu vereinfachen, möchte ich zunächst eine vorläufige Begriffsbestimmung der erlebten Rede geben, die uns dann als Arbeitshypothese bei unseren Untersuchungen leiten soll.
Hiervon nun wollen wir ausgehen:
1. daß sich die erlebte Rede aus Elementen der direkten und der indirekten Rede zusammensetzt und
2. daß die Verschmelzung dieser Elemente der direkten und der indirekten Rede das Phänomen der erlebten Rede ausmacht.
Im weiteren wird diese vorläufige Definition dann an Originaltexten zu überprüfen und zu konkretisieren sein.

---

[1] Verschiedene andere Begriffe wurden von der Literaturkritik dafür schon vorgeschlagen. Vgl. hierzu *Neubert, A.:* Die Stilformen der erlebten Rede im neueren englischen Roman. Halle/Saale: VEB Max Niemeyer 1957. S. 7–10.

[2] Vgl. *Sutton, F. W. / K. Beilhardt, eds:* Grundzüge der englischen Grammatik. Stuttgart: Klett. § 40.

Wie aber, so wird man fragen, hat man sich diese Verschmelzung von Elementen der direkten und indirekten Rede vorzustellen? Darüber wollen wir uns mit Hilfe eines kurzen Beispiels verständigen, eines Beispiels, in dem derselbe Sachverhalt – die Äußerung einer Person – zuerst in direkter Rede, dann in indirekter und schließlich in erlebter Rede dargestellt wird. Vom Endprodukt her – dem Text in erlebter Rede – läßt sich rückschauend erkennen, wie die Elemente aus der direkten und indirekten Rede miteinander verschmolzen wurden. Das Beispiel, dies sei betont, ist konstruiert. Wir führen es nicht als Beleg für die Richtigkeit unserer vorläufigen Definition an; es soll lediglich zu ihrer Veranschaulichung dienen.

Direct Speech

Peter: "There's something wrong with my heart. My lungs, you know, they don't look too good either. God, it's obvious I haven't taken enough care of myself. I just can't go on like that forever. What am I going to do about it? I must give up my job this very week. What a nuisance!"

Reported Speech

Peter said there was something wrong with his heart and his lungs did not look too good either. It was obvious he had not taken enough care of himself. He could not go on like that forever. He wondered what he was going to do about it. He thought he had to give up his job that very week.

Substitutionary Narration

(Coming out of the doctor's office, Peter leaned against the banister for a moment.)
There was something wrong with his heart. And his lungs – they didn't look too good either. God, it was obvious he hadn't taken enough care of himself. He just couldn't go on like that forever. What was he going to do about it? He had to give up his job this very week. What a nuisance!

Direkte Rede

Peter: „Irgendwas stimmt nicht mit meinem Herz. Meine Lunge, wissen Sie, die sieht auch nicht besonders aus. Mein Gott, offensichtlich hab' ich mich nicht genügend in acht genommen. Auf die Dauer kann ich einfach nicht so weitermachen. Was werd' ich jetzt bloß unternehmen? Noch diese Woche muß ich meine Stelle aufgeben. Zu dumm!"

Indirekte Rede

Peter sagte, irgend etwas stimme nicht mit seinem Herzen und auch seine Lunge sehe nicht besonders aus. Er habe sich offensichtlich nicht genügend in acht genommen; auf die Dauer könne er so nicht weitermachen. Er fragte sich, was er unternehmen werde. Er meinte, er müsse noch in derselben Woche seine Stelle aufgeben.

Erlebte Rede

(Als Peter aus dem Sprechzimmer kam, lehnte er sich einen Augenblick gegen das Treppengeländer.)
Irgendwas stimmte nicht mit seinem Herzen. Und seine Lunge, die sah auch nicht besonders aus. Mein Gott, offensichtlich hatte er sich nicht genügend in acht genommen. Auf die Dauer konnte er einfach nicht so weitermachen. Was würde er jetzt bloß unternehmen? Noch diese Woche mußte er seine Stelle aufgeben. Zu dumm!

Wir haben dem Beispiel die deutsche Übersetzung hinzugefügt, wollen uns aber zunächst allein dem Englischen zuwenden.

Wie stellt sich nun die Verwandlung der direkten Rede in die indirekte und schließlich in die erlebte Rede dar? Gehen wir schrittweise vor und vergleichen zuerst das Textstück in direkter Rede mit dem Text in indirekter Rede. Die sprachlichen Veränderungen sind uns hier vertraut. Zählen wir sie rasch auf:

Direkte Rede	Indirekte Rede	Veränderungen
1. Peter:	Peter said (that)	Vorschaltsatz (und evtl. eine Konjunktion);
2. "There's	there was	Wegfall der Anführungszeichen; Tempusverschiebung: Present Tense zu Past Tense; Vollform statt Kontraktion;
3. my	his	Pronomenverschiebung: 1. Sg. zu 3. Sg.;
4. My lungs	and his lungs	Pronomenverschiebung; Verbindung von Satz 1 und 2: gedrängte Darstellung;
5. you know	—	Wegfall des Füllsels (delay words): Raffung;
6. My lungs... they don't	and his lungs did not	Wiederaufnahme des Subjekts (they) entfällt: Glättung der Syntax; Vollform statt Kontraktion: Formalisierung; Tempusverschiebung: Present Tense zu Past Tense;
7. God	—	Wegfall des Ausrufs: Beruhigung der Darstellung;
8. it's obvious	It was obvious	Vollform statt Kontraktion; Tempusverschiebung: Present Tense zu Past Tense;
9. I haven't taken	he had not taken	Pronomenverschiebung; Tempusverschiebung: Present Perfect zu Past Perfect;
10. myself	himself	Pronomenverschiebung;
11. I just can't	He could not	Pronomenverschiebung; Tempusverschiebung: Present Tense zu Past Tense; Vollform statt Kontraktion; Wegfall der Intensitätspartikel (just): Beruhigung der Darstellung;
12. What am I going to do about it?	He wondered what he was going to do about it.	Hinzutreten eines Vorschaltsatzes (He wondered); Frageinversion durch Wortstellung der indirekten Frage ersetzt; Wegfall des Fragezeichens; Pronomenverschiebung; Tempusverschiebung: Present Tense zu Past Tense;

13. I must give up my job this very week.	He thought he had to give up his job that very week.	Hinzutreten eines Vorschaltsatzes (He thought); Pronomenverschiebung; Tempusverschiebung: Present Tense zu Past Tense; das adverb of nearness wird zum adverb of remoteness (this week – that week);
14. What a nuisance!"	—	Wegfall des Ausrufs: Beruhigung der Darstellung.

Man nehme an der schulmeisterlichen Analyse keinen Anstoß: das Geheimnis der Sache liegt hier im Detail; wir werden das gleich erkennen, wenn wir uns jetzt dem dritten Textstück zuwenden.

Wie gestaltet sich nun die Verschmelzung von Elementen der direkten und indirekten Rede in dem Text in erlebter Rede?
Betrachten wir wieder Satz um Satz. Peter lehnt am Treppengeländer – das wird uns noch vom Erzähler berichtet. Dann:

There was something wrong with his heart.

Ganz unvermittelt, ohne Vorschaltsatz, beginnt es. Rückt dadurch der Satz in die Nähe der direkten Rede – die Anführungszeichen fehlen allerdings –, so belehren uns Tempus- und Pronomenwahl wieder eines anderen: *was* und *his* müssen wir der indirekten Rede zuordnen.

And his lungs – they didn't look too good either.

Wieder dieselbe Unmittelbarkeit des Einsatzes. Das unruhige Drängen, das schon am Satzanfang spürbar wird *(And his lungs...)*, findet ein Echo in der pronominalen Wiederaufnahme des Subjekts *(they)* im weiteren – eine Erscheinung, die uns aus der unvorbedachten gesprochenen Sprache vertraut ist. Aber auch hier erinnern Tempus und Pronomen formal an die indirekte Rede. Die Kontraktion *(didn't)* freilich gehört eher wieder dem Bereich der direkten Rede an. Leicht gedämpft wird jedoch die Unruhe direkten Sprechens durch den Wegfall des Füllsels *you know*.

God, it was obvious he hadn't taken enough care of himself.

Elemente der direkten Rede sind hier der Ausruf *God* und die Kontraktion *hadn't;* aus der indirekten Rede stammen Tempus und Pronomen.

He just couldn't go on like that forever.

Die Intensitätspartikel *just* und die Kontraktion *couldn't* leiten wir aus der direkten Rede her; Tempus und Pronomen verstehen sich wieder aus der indirekten Rede.

What was he going to do about it?

Sind auch Tempus und Pronomen aus der indirekten Rede entliehen, so fehlt doch die Vorschaltung *He wondered;* dies erlaubt den Rückgriff auf die Wortstellung der direkten Frage.

He had to give up his job this very week.

Auch hier entfällt der vorgeschaltete Satz *He thought* aus der indirekten Rede. Das *adverb of nearness (this week)* wird – recht „unlogisch" – aus der direkten Rede eingeführt. Tempus und Pronomen der indirekten Rede behaupten ihren Platz wieder.

What a nuisance!

Dieser Ausruf fehlt in der indirekten Rede; er paßt nicht in die auf das Sachliche beschränkte Raffung. Hier nun in der erlebten Rede schlägt die persönliche Stimme des Helden aus der direkten Rede wörtlich durch.

Dies also meinten wir, wenn wir in unserer vorläufigen Definition von einer Verschmelzung von Elementen der direkten und indirekten Rede sprachen.

Ein Beispiel aus der Literatur: Katherine Anne Porter

Wenn sich nun an Originaltexten erhärten lassen sollte, was wir für unser Beispiel behauptet haben, dann ist jetzt schon unschwer einzusehen, daß wir in der erlebten Rede eine Darstellungsweise von hohem sprachlichem Raffinement haben. Es lassen sich leicht Grade stärkerer und geringerer Verschmelzung der betrachteten sprachlichen Elemente denken, die einmal einen Text mehr in die Nähe der direkten, dann wieder mehr in die Nähe der indirekten Rede rücken. Weiß man, daß in der direkten Rede der Held selbst spricht, und weiß man, daß in der indirekten Rede ein Dritter, der Erzähler, spricht, so spitzt sich bei der erlebten Rede das Problem der Nähe oder Ferne zu den beiden konventionellen Rededarstellungen in die Frage zu: Wer spricht hier eigentlich – der Held, der Erzähler oder beide zugleich? Man möchte annehmen, daß eine solche Stimmenüberlagerung fast notwendig zur Verwirrung des Lesers oder Zuhörers führen müsse.

Wenden wir uns jetzt einem Originaltext in erlebter Rede zu und prüfen das nach. Gleichzeitig wollen wir auch die Probe aufs Exempel für unsere vorläufige Begriffsbestimmung der erlebten Rede machen.

Als Belegtext wählen wir eine Stelle aus Katherine Anne Porters Erzählung „*The Jilting of Granny Weatherall*"; die Erzählung liegt als Schulausgabe vor [3].

Vergegenwärtigen wir uns rasch den Zusammenhang der Geschichte: Granny Weatherall liegt im Sterben. Erinnerungen aus ihrem achtzigjährigen sorgen- und arbeitsreichen Leben stehen in ihr auf: fünf Kinder hat sie großgezogen; John, ihr Mann, war früh gestorben, und alle Verantwortung für die Farm und die Familie lag von da an auf ihren Schultern. Mit allem ist sie schließlich fertiggeworden, nur eines hat sie nie verwinden können: daß sie als junges Mädchen von George, ihrem ersten Bräutigam, am Hochzeitstag sitzengelassen worden war *(the jilting)*. In ihrer Todesstunde wartet sie wieder, wartet darauf, daß einer komme, um sie heimzuholen: ist es nicht so versprochen, vom Priester, von allen? Aber keiner kommt; das *jilting* ist endgültig.

Hier nun die Textstelle:

She lay and drowsed, hoping in her sleep that the children would keep out and let her rest a minute. It had been a long day. Not that she was tired. It was always pleasant to snatch a minute now and then. There was always so much to be done, let me see: tomorrow. Tomorrow was far away and there was nothing to trouble about. Things were finished somehow when the time came; thank God there was always a little margin over for peace: then a person could spread out the plan of life and tuck in the edges orderly. It was good to have everything clean and folded away, with the hair brushes and tonic bottles sitting straight on the white embroidered linen and... the bronze clock with the lion on top nicely dusted off. The dust that lion could collect in twenty-four hours! The box in the attic with all those letters tied up, well, she'd have to go through that tomorrow. All those letters – George's letters and John's letters and her letters to them both – lying around for the children to find afterwards made her uneasy. Yes, that would be tomorrow's business. No use to let them know how silly she had been once. – While she was rummaging around she found death in her mind and it felt clammy and unfamiliar.[4]

She lay and drowsed – der Anfang wird uns von einem Erzähler, der an Grannys Bett steht, objektiv berichtet. Es ist nur ein leichter Schlaf, ein *drowsing;* Grannys Gedanken haben sich noch nicht beruhigt: ...*hoping in her sleep that the children would keep out and let her rest a minute.* Langsam gleiten wir in ihr inneres Bewußtsein, ihren *stream of consciousness,* hinüber.

I hope that the children will keep out and let me rest a minute.

---

[3] *Porter, K. A.:* The Jilting of Granny Weatherall. In: American Short Stories. Vol. V. Paderborn: Schöningh EL 126. S. 93–103.

[4] *Porter, K. A.:* a. a. O., S. 94–95.

So hat sie wohl innerlich gesprochen. Wir sehen, wie ihre direkte Rede, ihr Selbstgespräch, durch die Tempusverschiebung *(Future* zu *Future in the Past)* und die Pronomenveränderung *(me* zu *her)* zur indirekten Rede gedämpft erscheint, wie sich die Stimme des Erzählers über die Grannys lagert. Dies die Wirkung der grammatischen Veränderungen; in der Wortwahl, dem *keep out* und dem *rest a minute* hören wir aber noch Grannys Diktion.

It had been a long day.

Der kurze Satz ist wie ein müdes Sich-fallen-Lassen. Trotz der grammatischen Brechung zur indirekten Rede hin (Tempusverschiebung) wird Grannys erschöpftes *It's been a long day* im Gestus des Satzes spürbar. Der elliptische Beginn des nächsten Satzes treibt diese Sprachgebärde noch stärker hervor:

Not that she was tired.

Das *Not that* ist, was das Tempus betrifft, nicht eindeutig ausgewiesen: wir können es als *It is not that* oder als *It was not that* verstehen. Streng formal müssen wir *was* ergänzen, aber das Präsens *(is)* der direkten Rede schwingt noch mit.

It was always pleasant to snatch a minute now and then.

Aus Grannys ursprünglichem *It's always pleasant* macht der Erzähler *It was always pleasant*. Die Möglichkeit, die allgemeingültige Aussage im Präsens zu belassen, hätte in der indirekten Rede bestanden. Der Erzähler versteht sich aber durch die Wahl des *Past* offensichtlich weiterhin als „Wortspiegelhalter"[5] Grannys, er deutet hier durch das *was* sein sprachliches Eingehen auf die Heldin an. Es ist fast paradox: im formal-grammatischen Kontext der Erzählung bringt das *was* mehr Gegenwärtigkeit der Person der Heldin, als es das *is* einer objektiven Immergegenwart könnte, und zwar deshalb, weil wir das *was pleasant* als unmittelbare „Übersetzung" aus dem Selbstgespräch der Heldin empfinden, was das präsentische *is pleasant* an dieser Stelle nicht zu leisten vermöchte. Wie nah wir der Heldin sind, macht auch die Wendung *to snatch a minute now and then* deutlich: darin spiegelt sich Grannys Persönlichkeit; so sagt sie, wenn sie von den seltenen Verschnaufpausen in ihrem Alltag spricht; hier hören wir sie selbst.

There was always so much to be done, let me see: tomorrow.

---

5 Vgl. *Fehr, B.:* Englische Prosa von 1880 bis zur Gegenwart. Leipzig: Teubner 1927. S. 34.

In die indirekte Rede *(There was always...)* finden wir hier, nahtlos eingelassen, ein Stück direkter Rede – *let me see: tomorrow.* Keine Umwandlung des Imperativs, keine Umwandlung des Pronomens und des Zeitadverbs.

Tomorrow was far away and there was nothing to trouble about.

Tomorrow was... – morgen war – nichts könnte eine deutlichere Sprache sprechen für den präsentischen Vorstellungswert des Präteritums hier[6]. Dies knüpft sinnfällig an das eben über die Gegenwärtigkeit der Heldin Gesagte an. Ebenso versteht sich der nächste Satz:

Things were finished somehow when the time came;

Auch hier wird die allgemeine Aussage durch die formale Tempusverschiebung persönlicher, da sie sich auf diese Weise als „Übersetzung" der Worte Grannys versteht und nicht als objektive Erkenntnis.

Stark dringt Grannys Stimme im Folgenden durch:

...thank God there was always a little margin over for peace: then a person could spread out the plan of life and tuck in the edges orderly. It was good to have everything clean and folded away, with the hair brushes and tonic bottles sitting straight on the white embroidered linen...

Wort- und Bildwahl sind hier eindeutig durch den Charakter der Heldin bestimmt – herrlich dieses *spread out the plan of life and tuck in the edges orderly*: die ganze Granny Weatherall, all ihr Tun und Trachten liegt darin beschlossen. Sicher, die Tempora sind die der indirekten Rede, sie schwächen die Unmittelbarkeit der Rede ab, aber der überlegte Ton, der dadurch hereinkommt, fügt sich dem Bild Grannys gut ein.

The dust that lion could collect in twenty-four hours!

Dem *could* der indirekten Rede steht die Form des Satzes gegenüber: ein elliptischer Ausruf *(I marvel at the dust...)*, der der Syntax direkter Rede angehört.

Eine ähnliche syntaktische Unruhe zeigt der folgende Satz.

The box in the attic with all those letters tied up, well, she'd have to go through that tomorrow.

Durch die kontrahierte Form des *Future in the Past* wird die indirekte Rede der direkten noch deutlicher angenähert.

---

6 Vgl. *Hamburger, K.:* Zum Strukturproblem der epischen und dramatischen Dichtung. Deutsche Vierteljahresschrift 25, Jg. 1951. S. 1 ff.

> All those letters – George's letters and John's letters and her letters to them both – lying around for the children to find afterwards made her uneasy.

In der umständlichen Aufzählung der verschiedenen Briefe und ihrer Schreiber hören wir Grannys Diktion, ebenso in dem indignierten *lying around for the children to find afterwards*. Das Prädikat *made her uneasy* scheint diesmal jedoch nicht nur dem Tempus nach dem Bereich des Erzählers anzugehören; auch die Wortwahl ist wohl nicht die Grannys: *made her uneasy* klingt zu förmlich. Granny hätte den Satz wahrscheinlich mit einem Fügungsbruch zu Ende gesprochen, etwa so:

> All those letters... lying around... – I don't like that.

Noch einmal vernehmen wir aber deutlich ihre Stimme:

> Yes, that would be tomorrow's business. No use to let them know how silly she had been once.

Die persönlichen Sprachelemente aus dem Selbstgespräch der Heldin *(Yes, ...tomorrow's business. No use to let them know...)* sind unverkennbar, auch wenn sie in die grammatische Form des Berichts eingelassen sind.

Im Schlußsatz des zitierten Abschnitts sehen wir den Erzähler, der das Resümee aus dem Vorausgegangenen zieht. Mit diesem Satz treten wir wieder neben die Gestalt im Totenbett:

> While she was rummaging around she found death in her mind and it felt clammy and unfamiliar.

Wie der Anfang des ersten Satzes so ist auch dieser Satz aus der Distanz des Erzählers gesprochen; dazwischen eingebettet liegt der Text in erlebter Rede. Diese „Umrahmungstechnik" ist typisch für die Darstellungsweise unserer Erzählung.

Systematische Beschreibung der erlebten Rede

Ich glaube, es ist einsichtig geworden, wie man sich die Verschmelzung von Elementen der direkten und indirekten Rede in der erlebten Rede vorzustellen hat. Fassen wir das Beobachtete in einer systematischen Übersicht zusammen.

Bei der Umwandlung von direkter zu indirekter Rede werden nach einleitendem Vorschaltsatz im Präteritum alle Tempora um eine Zeitstufe in die Vergangenheit gerückt *(all tenses are put one tense back)*. Die Orts-

und Zeitadverbien sowie die Demonstrativa machen diese Verschiebung mit *(words of nearness become words of remoteness)*. Schematisch dargestellt sehen die Zuordnungen so aus:

I	II
Non-Past-Tenses	*Past Tenses*
Present	Past
Present Perfect	Past Perfect
Future	Future in the Past
Future Perfect	Future Perfect in the Past
Words of Nearness	*Words of Remoteness*
now	then
nowadays	in those days
ago	before
today	that day
tomorrow	the next day
yesterday	the day before
this week	that week
next year	the following year
last month	the month before
here	there
this	that
these	those

Das heißt also: *Present* wird zu *Past*, *Present Perfect* zu *Past Perfect* usw. in der indirekten Rede. Diese Tempusverschiebung zieht parallel die Verschiebung von *now* zu *then*, *here* zu *there* usw. nach sich.

Bei der erlebten Rede stellen wir nun fest, daß der Übertritt aus dem Bereich I in den Bereich II auf den beiden „Stockwerken" des Schemas nicht parallel vollzogen wird. Vielmehr treten wir wohl im oberen Teil, bei den Tempora, über die Grenzlinie von I nach II, nicht aber im unteren Teil, bei den Orts- und Zeitadverbien und den Demonstrativa. Dadurch verbinden sich also nun diagonal über die Mitte und „Stockwerke" unseres Schemas die *Past*-Tempora (II) mit den *words of nearness* (I). Das ist das erste.

Zweitens gesellen sich aus dem Bereich I außer den *words of nearness* noch Elemente lebhaften Sprechens zu den *Past*-Tempora des Bereichs II. Blicken wir zurück auf die Analyse unserer Texte, so ergibt sich folgende Aufstellung:

Elemente lebhaften Sprechens
Ausrufe *(God! Thank God.)*
Intensitätspartikel *(just)*; Kraftausdrücke (z. B. *The hell!* – nicht im Text)

Rhetorische (oder Selbst-) Fragen
Syntax der direkten Frage (statt abhängiger Frage)
Echo der unruhigeren Syntax der direkten Rede (Wiederholungen, Sprunghaftigkeit, Fügungsbruch; Kürze der Sätze)
Kontraktionen *(don't; hadn't)*
Wort- und Bildwahl bestimmt durch den Charakter des Helden (= personale Sprache)
Eingesprengte Teile direkter Rede *(Let me see* – ohne Anführungszeichen)
Wegfall des Vorschaltsatzes.

Sprachlich setzt sich die erlebte Rede also aus folgenden Elementen zusammen:
1. den *Past*-Tempora der indirekten Rede (Bereich II),
2. den *words of nearness* aus dem Bereich I der *Non-Past*-Tempora,
3. den Elementen lebhaften Sprechens aus der direkten Rede,
4. den Personal-, Possessiv- und Reflexivpronomen der 3. Person aus der indirekten Rede (sofern nicht durch Pronomina der direkten Rede ersetzt).

Das Erzählen in erlebter Rede

Was hat nun die Verschmelzung von Elementen der direkten und indirekten Rede für erzählerische Folgen?

Normalerweise erzählen wir im Englischen in den Tempora des Bereichs II. Dazu müssen dann auch die *words of remoteness* treten – so will es die Zeitenfolge, die sich auch auf diese *words of remoteness* erstreckt. Da dies in der erlebten Rede nicht der Fall ist, die Tempora des Bereichs II hier von den *words of nearness* und den Elementen lebhaften Sprechens des Bereichs I umgeben sind, befinden sie sich in einem eigentümlichen grammatischen Schwebezustand. Dieser grammatische Schwebezustand ist sprachlich kennzeichnend für die erlebte Rede. Er resultiert aus der Vermischung der sprachlichen Mittel der Bereiche I und II, der Bereiche der besprochenen und der erzählten Welt[7].

In den Tempora des Bereichs I werden die Dinge „besprochen", d. h. sie stehen zur Diskussion an, Pläne werden gemacht, Entschlüsse gefaßt, Entscheidungen gefällt, Anordnungen gegeben; es wird Stellung genommen, kommentiert und referiert. Dringlichkeit und Gespanntheit charakterisieren die Sprechhaltung.

---

7 Zu den Begriffen „besprochene und erzählte Welt" vergleiche das anregende Buch von *Weinrich, H.:* Tempus, Besprochene und Erzählte Welt. Stuttgart: Kohlhammer 1964.

In den Tempora des Bereichs II wird erzählt. Die Dinge stehen hier nicht zur Diskussion an; vom Leser oder Zuhörer wird keine Stellungnahme gefordert. Die Sprechsituation ist nicht Schauplatz des Geschehens; daher charakterisieren Gelassenheit und Entspanntheit die Sprechhaltung.

Wechseln nun in der traditionellen Erzählliteratur erzählende Passagen (Bereich II) mit Dialogpassagen (Bereich I) ab, wechselt hier also die gelassene, entspannte Sprechweise mit dringlicher, gespannter oft recht abrupt, so ist in der erlebten Rede das Sprechen auf *einen* durchgehenden Ton gestimmt. Erzählende Passagen und Dialoge, die daneben vielleicht noch auftreten, sind in die „wohltemperierte", schwebende Tonlage der erlebten Rede leicht und gleitend ein- und auszublenden.

Beim lauten Lesen der Geschichte von Granny Weatherall wird man spüren, daß sich einem dies im ständigen sanften Modulieren der Stimme geradezu körperlich mitteilt.

Für die unterrichtliche Behandlung einer solchen Erzählung ergeben sich daraus wichtige Folgen. Es ist undenkbar, daß hier die Schüler reihum lesen: die Vielzahl der Stimmen müßte die ausgeglichene Gestimmtheit dieser Prosa zerstören. Eine Stimme, ein guter Schüler oder der Lehrer selbst, muß diese Erzählung vorlesen (20–25 Minuten Lesezeit). Die Klasse kann dem Text mit dem Auge folgen. Auf diese Weise wird die Wirkung der Sprache Katherine Anne Porters ungleich stärker sein.

Literarhistorische Aspekte

In der literarhistorischen Kritik neuerer Zeit hat man vor allem auf die erzählperspektivischen Folgen des Erzählens in erlebter Rede hingewiesen [8]. Man machte auf das Zurücktreten des auktorialen Erzählers *(omniscient narrator)* zu Gunsten eines personalen Mediums *(central intelligence)* im modernen Roman aufmerksam. Die Verlagerung des Orientierungszentrums des Lesers in das Bewußtsein einer Romangestalt wurde vielfach auch geistesgeschichtlich gedeutet (Tod des Erzählers; Maulwurfsperspektive des modernen Menschen; Fehlen einer den Personen übergeordneten Erzählinstanz = Verlust der Transzendenz). Wir halten diese Gedanken für überlegenswert, fürchten aber, daß hier ein ästhetisches Phänomen zu mechanistisch interpretiert wird, daß man hier Gefahr läuft, eine ästhetische Konvention philosophisch überanzustrengen. Daher unsere Beschränkung auf eine grammatische und stilistische Beschreibung dieser Darstellungsweise.

---

[8] Vgl. etwa *Stanzel, F.:* Die typischen Erzählsituationen im Roman. In: Wiener Beiträge zur englischen Philologie. Vol. LXIII. Wien/Stuttgart 1955.

Ein Beispiel aus der Trivialliteratur: Ngaio Marsh

Wir haben gesehen, welch subtiles Instrument die erlebte Rede ist. Man könnte daher meinen, daß diese Darstellungsweise allein der großen Literatur angehöre. Dem ist aber nicht so. Die erlebte Rede ist längst eine ästhetische Konvention auch im zweit- und drittrangigen Schrifttum geworden. Als Beispiel zitieren wir den Anfang eines Kriminalromans von Ngaio Marsh. Der Roman trägt den warnenden Titel „*False Scent*".

When she died it was as if all the love she had inspired in so many people suddenly blossomed. She had never, of course, realised how greatly she was loved, never known that she was to be carried by six young men who would ask to perform this last courtesy: to bear her on their strong shoulders, so gently and with such dedication.

Quite insignificant people were there: her Old Ninn, the family nurse, with a face like a boot, grimly crying. And Florence, her dresser, with a bunch of primroses because of all flowers they were the ones she had best loved to see on her make-up table. And George, the stage doorkeeper at the Unicorn, sober as sober and telling anyone who would listen to him that there, if you liked, had been a great lady. Pinky Cavendish in floods and Maurice, very Guardee, with a stiff upper lip. Crowds of people whom she herself would have scarcely remembered but upon whom, at some time, she had bestowed the gift of her charm.

All the Knights and Dames, of course, and The Management, and Timon Gantry, the great producer, who had so often directed her. Bertie Saracen who had created her dresses since the days when she was a bit-part actress and who had, indeed, risen to his present eminence in the wake of her mounting fame. But it was not for her fame that they had come to say good-bye to her. It was because, quite simply, they had loved her.

And Richard? Richard was there, white and withdrawn. And – this was an afterthought – and, of course, Charles.

Miss Bellamy paused, bogged down in her own fantasy. Enjoyable tears started from her eyes. She often indulged herself with plans for her funeral and she never failed to be moved by them. The only catch was the indisputable fact that she wouldn't live to enjoy it.[9]

Sagten wir nicht, daß der Titel eine Warnung enthalte? Wird man nicht beim Anlesen auf eine „falsche Fährte" gelockt, bis man dann am Schluß des zitierten Abschnitts die Spur wittert?
Ein paar Erläuterungen mögen genügen. Der Grund, warum wir zunächst annehmen, es handle sich um die Schilderung eines tatsächlich stattgefundenen Begräbnisses, liegt im ersten Satz:

---

9 *Marsh, N.:* False Scent. Fontana Books No. FD 1934. Chap. I.

When she died... the love she had inspired... suddenly blossomed.

Die *Past*-Tempora fassen wir im Sinne eines „Damals" auf: „Damals als sie starb..." Beim Weiterlesen aber bemerken wir: um ein „Damals" kann es sich nicht handeln. In dem Maße wie uns klar wird, daß wir uns im sprachlichen Milieu der erlebten Rede befinden, daß die Heldin sich ihr eigenes Begräbnis hier nur vorstellt, es in Gedanken vorwegnimmt, in dem Maße wird uns auch verständlich, daß mit *died* und *blossomed* nicht Vergangenes, sondern Zukünftiges gemeint ist.

Führen wir stichworthaft nur diejenigen sprachlichen Elemente auf, die aus der direkten Rede stammen und die uns, wenn wir sie erkannt haben, auf die rechte Fährte setzen:

Erster Absatz:
2. Satz: *She had never, of course, realized*... In die Tonlage gelassenen Erzählens kommt die erste Unruhe durch das eingeschaltete *of course*, ein Element lebhaften Sprechens aus dem Bereich I.

Zweiter Absatz:
1. Satz: *Old Ninn... with a face like a boot...* Hier charakterisiert sich die Heldin durch ihre Wortwahl (personale Sprache).
3. Satz: *And George... if you liked...* Die Heldin nimmt ein sprachliches Element und den Gestus der Sprechweise Georges auf.
4. Satz: *Pinky Cavendish in floods... Maurice, very Guardee...* Impressionistisch hingesetzte Tupfen lebhaften Sprechens; kein Verb *(Guardee = like a soldier of the Royal Guards)*.
5. Satz: *Crowds of people...* Elliptische Ausdrucksweise der gesprochenen Sprache (statt: *There were crowds of people*). Unruhige, verknappte Syntax; ähnlich auch in Satz 1 und 2 des dritten Absatzes.

Vierter Absatz
1. Satz: *And Richard? Richard was there...* Selbstfrage.
2. Satz: *...an afterthought...* Jetzt ist die Katze aus dem Sack!

Der fünfte Absatz bestätigt es. Man beachte im letzten Absatz auch den präteritalen Vorstellungswert der *Past*-Formen *(paused; bogged down; started)* im Gegensatz zum Anfang.

Raffiniert, nicht wahr? Und das in einem Kriminalroman. Erstaunlich, was man heute glaubt breiten Leserschichten zumuten zu können.

Die erlebte Rede im Deutschen

Unserem ersten Beispiel fügten wir die deutsche Übersetzung hinzu. Da die Dinge sich hier anders darstellen als im Englischen, sei das Problem wenigstens im Umriß skizziert.

Die Sätze der erlebten Rede können aufgefaßt werden als aus der syntaktischen Abhängigkeit (Vorschaltsatz!) entlassene und freigestellte Sätze [10]. Für den deutschen Satz hat dies zwei Folgen:
1. Die Nebensatzeröffner entfallen, d. h. die Konjunktionen, Relativpronomen und -adverbien.
2. Die Verben werden beeinflußt
   a) in ihrer Stellung: sie nehmen Hauptsatzstellung (Zweit- oder Spitzenstellung) ein;
   b) im Modus und Tempus: statt des Konjunktivs der Abhängigkeit haben wir indikativische Erzähltempora.

Daraus wird klar, daß die erlebte Rede im Deutschen allein auf die stilistischen Signale des lebhaften Sprechens (vgl. S. 147 f.) angewiesen ist [11].

Sollten unsere Überlegungen zur erlebten Rede eine Aufforderung sein, Grammatik bei der Oberstufenlektüre zu betreiben? Sicherlich lesen wir literarische Texte nicht, um grammatische Fingerübungen daran zu machen. Aber: wenn es uns gelingt, daß der Schüler Grammatisches nicht mehr isoliert im Beispiel- oder Regelsatz sieht, sondern im Zusammenhang eines geformten Sprachganzen, wenn der Schüler den bewußten Einsatz grammatischer Erscheinungen innerhalb eines Sprachkunstwerks erkennt, dann entwickeln wir seinen Sinn für Stil und Stilprobleme, dann haben wir ihm vielleicht das gegeben, was die Lehrpläne einen „Einblick in das Wesen sprachlicher Formen" [12] nennen.

---

10 *Weinrich, H.:* a. a. O., S. 235.

11 Eine Ausnahme macht die Umwandlung von „Er fragte sich, was er unternehmen werde" (indirekte Rede) zu „Was würde er jetzt bloß unternehmen?" (erlebte Rede). Das Hilfszeitwort „werden" hat eine eigene präteritale Form für die erlebte Rede.

12 Vgl. die Lehrpläne für die Gymnasien Baden-Württembergs. Villingen: Neckarverlag 1957. S. 74.

Dylan Thomas: Fern Hill

Eine Gedichtinterpretation mit einer Prima

T. S. Eliot sagte einmal über seine Versuche, literarische Werke mit Schülern zusammen zu interpretieren:

„I have found only two ways of leading any pupils to like anything with the right liking: to present them with a selection of the simple kind of fact about a work – its conditions, its setting, its genesis – or else to spring the work on them in such a way that they are not prepared to be prejudiced against it." [1]

Bei unserem Vorhaben, Dylan Thomas' Gedicht „Fern Hill" mit einer Prima zu lesen, beabsichtigten wir, beide der von Eliot vorgeschlagenen Wege zu verbinden. Zum einen wollten wir den Schülern das *setting*, den Hintergrund, vor dem das Gedicht zu sehen ist, kurz skizzieren. Dazu hatten wir John Malcolm Brinnins Bericht über einen Besuch auf Fern Hill bereitgestellt [2]. Zum andern sollte Eliots *springing the work on the pupils* mit Hilfe einer Schallplattenaufnahme von Dylan Thomas' eigenem eindrucksvollen Vortrag des Werkes erfolgen [3]. Als nächster Schritt mußte sich – für deutsche Schüler – die behutsame sprachliche Aufhellung des Gedichttextes im Gespräch mit der Klasse anschließen.

Wir hatten also folgende Schritte geplant:
1. Brinnins Bericht über Fern Hill (Vorlesen durch den Lehrer)
2. Dylan Thomas' Vortrag des Gedichts „Fern Hill" (Schallplatte)
3. Texterhellung im Lehrer-Schüler-Gespräch
4. Zweites Anhören von Thomas' Vortrag (Schallplatte)

---

1 *Eliot, T. S.:* Selected Prose. Pelican Book 873, 1953. S. 19.
2 *Brinnin, J. M.:* Dylan Thomas in America. New York: Viking Press 1958². S. 236–237.
3 Dylan Thomas Reading – A Child's Christmas in Wales and Five Poems. Caedmon TC 1002. Vol. 1. (Die fünf auf der Platte aufgezeichneten Gedichte sind: Fern Hill; Do Not Go Gentle into that Good Night; In the White Giant's Thigh; Ballad of the Long-Legged Bait; Ceremony after a Fire Raid.)

Die Behandlung von „Fern Hill" in der Klasse

1. Brinnings Bericht über Fern Hill

L. I'd like to look at a poem with you today, a poem by the Welsh poet Dylan Thomas.
It's about a place called Fern Hill. As a child Thomas spent some time there.
A few months before his death – he was only 39 when he died in 1953 – he visited this place again with an American friend. This is what this friend later wrote about their visit:
"We soon came to Fern Hill, the farm where Dylan spent long childhood holidays with his uncle and aunt. A yellow-washed wall glowing in the afternoon light hid nearly all of the house from the road. As we drew up [in our car], the new owner and his dog came out. He led us through a little courtyard and into the house. When our host suggested we wander through the house at our own pleasure, Dylan led me through a series of curiously antiseptic and lifeless rooms. In the parlor there stood only a few overstuffed pieces of mail-order furniture. It all seemed much smaller and emptier than he remembered, Dylan said, and I could see that he was becoming nostalgic and unhappily thoughtful in his pilgrimage to a house memory and imagination had furnished so differently. We went then through the front door out into the sprawling orchard where rotting apples lay by the hundreds under old trees and out onto the surrounding pastures. Seen from a little distance, the house assumed a simple beauty, black shutters against yellow-wash giving it the appearance of a child's drawing of a house. The high-domed barn was still as it used to be, and the long sloping view through heavy air was resonant with far-off chapel bells and the lowings of cattle. We picked red and yellow apples from boughs that almost touched the ground, munched on them as we walked and Dylan told us about people who had lived at Fern Hill. But the experience of Fern Hill so many years after his last visit had saddened Dylan, and he remarked many times how shrivelled and colorless everything now seemed..."[4]

Die Fakten des Berichts waren rasch rekapituliert:

Fern Hill
A farm that once belonged to Dylan Thomas's uncle;
Thomas spent his holidays there as a child; the house is behind a wall;
the house and wall are painted yellow, the shutters are black;
there is a tall barn; bells and cows can be heard in the distance;
round the house there is an orchard with lots of apples;
the place looks different from what it used to look like: it looks smaller, emptier, antiseptic, lifeless, shrivelled, colourless;
the visit makes Dylan Thomas thoughtful and unhappy.

---

[4] Brinnin, J. M.: a. a. O., S. 236–237. Der Auszug wurde etwas gekürzt und sprachlich leicht vereinfacht.

2. Dylan Thomas' Vortrag des Gedichts „Fern Hill"

L. A few years before that visit Dylan Thomas wrote a poem about this place. I'd like you to listen to how the poet himself remembered Fern Hill.

Wer Dylan Thomas noch nie gehört hat, dem ist nur schwer eine Vorstellung von der Gewalt dieser Stimme zu geben. Lassen wir Brinnin nochmals das Wort, der vom ersten Vortragsabend Dylan Thomas' in Amerika (1950) berichtet:

„He walked onto the stage, shoulders straight, chest out in his staunch and pouterpidgeon *(Kropftaube)* advance, and proceeded to give the first of those performances which were to bring to America a whole new conception of poetry reading. The enormous range and organ-deep resonance of his voice... gave new music to familiar cadences and, at times, revealed values in the poems never disclosed on the page. When he concluded the evening... it was difficult to know which gave the greater pleasure, the music or the meaning. Some of his listeners were moved by the almost sacred sense of his approach to language; some by the bravado of a modern poet whose themes dealt directly and unapologetically with birth and death and the presence of God; some were entertained merely by the virtuosity of an actor with a great voice. In every case the response was one of delight. Ovations greeting him as he... went off were tremendous." [5]

Von dem amerikanischen Dichter E. E. Cummings, der dem Vortrag beiwohnte, schreibt Brinnin später:

„He had been so moved by Dylan's reading... that he had left the auditorium to walk the streets alone for hours." [6]

Diese Stimme, Dylan Thomas' Stimme, hörten die Schüler jetzt. (Während des Vortrags hatten die Schüler die Möglichkeit, auf ihren vervielfältigten Texten mitzulesen.)

Fern Hill

Now as I was young and easy under the apple boughs
About the lilting house and happy as the grass was green,
    The night above the dingle starry,
    Time let me hail and climb
    Golden in the heydays of his eyes,
And honoured among wagons I was prince of the apple towns
And once below a time I lordly had the trees and leaves
    Trail with daisies and barley
    Down the rivers of the windfall light.

---

[5] Brinnin, J. M.: a. a. O., S. 23–24.
[6] Brinnin, J. M.: a. a. O., S. 27.

And as I was green and carefree, famous among the barns
About the happy yard and singing as the farm was home,
    In the sun that is young once only,
      Time let me play and be
      Golden in the mercy of his means,
And green and golden I was huntsman and herdsman, the calves
Sang to my horn, the foxes on the hills barked clear and cold,
      And the sabbath rang slowly
      In the pebbles of the holy streams.

All the sun long it was running, it was lovely, the hay
Fields high as the house, the tunes from the chimneys, it was air
      And playing, lovely and watery
      And fire green as grass.
      And nightly under the simple stars
As I rode to sleep the owls were bearing the farm away,
All the moon long I heard, blessed among stables, the nightjars
      Flying with the ricks, and the horses
      Flashing into the dark.

And then to awake, and the farm, like a wanderer white
With the dew, come back, the cock on his shoulder: it was all
      Shining, it was Adam and maiden,
      The sky gathered again
      And the sun grew round that very day.
So it must have been after the birth of the simple light
In the first, spinning place, the spellbound horses walking warm
      Out of the whinnying green stable
      On to the fields of praise.

And honoured among foxes and pheasants by the gay house
Under the new made clouds and happy as the heart was long,
      In the sun born over and over,
      I ran my heedless ways,
      My wishes raced through the house high hay
And nothing I cared at my sky blue trades, that time allows
In all his tuneful turning so few and such morning songs
      Before the children green and golden
      Follow him out of grace,

Nothing I cared, in the lamb white days, that time would take me
Up to the swallow thronged loft by the shadow of my hand,
      In the moon that is always rising,
      Nor that riding to sleep
      I should hear him fly with the high fields

And wake to the farm forever fled from the childless land.
Oh as I was young and easy in the mercy of his means,
   Time held me green and dying
   Though I sang in my chains like the sea.⁷

Das *setting*, die Farm und ihre Umgebung, war den Schülern aus Brinnins Bericht bekannt. Als sie Thomas' Stimme hörten, wußten sie, wo sie sich befanden.

Der Kontrast zu Brinnins Bericht war stark und allen offensichtlich. Selbstverständlich konnte es jetzt nicht darum gehen, diesen Kontrast im einzelnen herauszuarbeiten. Wir konstatierten ihn nur als Tatsache, als eine Tatsache, die uns den ersten Anstoß zur näheren Betrachtung des Gedichts gab.

3. Texterhellung im Lehrer-Schüler-Gespräch

Strophe I

1 Now as I was young and easy under the apple boughs
2 About the lilting house and happy as the grass was green,
3   The night above the dingle starry,
4   Time let me hail and climb
5   Golden in the heydays of his eyes,
6 And honoured among wagons I was prince of the apple towns
7 And once below a time I lordly had the trees and leaves
8   Trail with daisies and barley
9   Down the rivers of the windfall light.

Wuchtig setzt Thomas' Lesen ein: ¹*Now as I was young and easy... Now* steht — paradox, so will es scheinen — neben dem präteritalen *was*. Es ist, als sei die Erinnerung so übermächtig, daß sie die zeitliche Distanz aufheben könne und Vergangenes in die Gegenwart zwinge.

L. What are the things the poet remembers?

Das singende Haus, um das sich die Apfelbäume ranken *(the apple boughs/ About the lilting house* I, 1/2), das Glück des Knaben, das so jung ist wie

---

⁷ Zit. nach *Jones, D., ed.:* Dylan Thomas: The Poems. London: Dent 1971. S. 195–196. Diese Ausgabe fügt den 89 Gedichten der „*Collected Poems – 1934–1952*" noch über 100 weitere hinzu, die Jones aus einer Vielzahl von Quellen zusammengetragen hat. In Jones' Ausgabe erscheinen alle Gedichte in streng chronologischer Reihenfolge. – Erste Veröffentlichung von „*Fern Hill*" in: Horizon. Vol. XII. No. 70 (Oct. 1945). S. 221–222. Nach „*Fern Hill*" hat Thomas nur noch sieben weitere Gedichte abgeschlossen.

die Natur selbst *([as] happy as the grass was green* I, 2), die Nacht über dem Talgrund *(The night above the dingle starry* I, 3) zählten wir auf.

L. Yes, these are some of the things he remembers. But what time in his life is he looking back to?
S. It's the time when he was young, *once below a time.* (I, 7)
L. *Once below a time?*

Wir wußten, daß man normalerweise *once upon a time* sagt. Was war dies für eine Zeit: *once below a time?* Sehen wir, was der Dichter sonst noch über jene Kindheitstage sagt.

S. He was *honoured among wagons.* (I, 6)
He was *prince of the apple towns.* (I, 6)
L. So how did the boy feel on the farm?
S. He enjoyed his life there. He was allowed to climb on the wagons and to drive them. He felt like a prince in the apple-growing towns near the farm.
L. Yes, and you know what happens when those wagons loaded high with hay and barley *(Gerste)* are driven along a country road lined with trees on both sides?
S. Bits of hay and barley get caught in the trees.
L. How does Thomas express this?
S. ...*I lordly had the trees and leaves /*
Trail with daisies and barley... (I, 7/8)

Wir stellten uns den jungen Dylan auf einem Erntewagen vor, wie er die Pferde dirigiert und wie seine hohe Ladung die Bäume mit Gänseblümchen und Gerstenhalmen schmückt. Das *had* in *I...had the trees.../Trail with daisies...* (I, 7/8) ist kausativ zu verstehen: Er, der jugendliche Herr dieser Welt *(lordly),* veranlaßt die Verschönerung auf den Bäumen. Und wohin die Fahrt hoch auf dem Wagen?

Down the rivers of the windfall light. (I, 9): Das Licht strömt vom Himmel *(rivers of light),* seine Fülle empfindet der Dichter als *windfall,* d. h. *an unexpected gain, a piece of good fortune*[8]*,* als unerhörtes Glück.

---

8 *windfall:* 1. something blown down by the wind, as fruit; 2. an unexpected gain, piece of good fortune. (Random House Dictionary, College Edition. New York 1968.) Vgl. auch *v. Ledebur, R.:* Dylan Thomas: Fern Hill. In: *Schiffer, R./ H. J. Weiand, eds.:* Insight III. Frankfurt a. M.: Hirschgraben 1969. S. 299–306. v. Ledebur faßt *windfall light* im Sinne der ersten Definition auf und bezeichnet es als eine „incongruous combination...less convincing in this context". (S. 305) Erich Fried entschied sich ebenfalls für die erste Bedeutung bei seiner Übersetzung und spricht von „Fallobstlicht" – eine schöne Metapher, aber entspricht sie dem Sinn der Stelle? Vgl. *Enzensberger, H. M.:* Museum der Modernen Poesie. Frankfurt a. M.: Suhrkamp 1960. S. 33.

L. It's a world of great happiness, the world of the poet's childhood.
He was *young and easy* (I, 1; easy = unbeschwert),
he was as *happy as the grass was green* (I, 2)...
S. He was *honoured among wagons* (I, 6),
he was *prince of the apple towns* (I, 6),
he made the trees look pretty (I, 7/8),
there were *rivers of light* (I, 9).
L. Yes, and he says that all this was *once below a time* (I, 7).
What else do we hear about time? Time is – as you may have noticed – the subject of the first main clause.
S. Time was like a kind person. The poet says about him:
*Time let me hail and climb
Golden in the heydays of his eyes* (I, 4/5).
L. Yes, he let the boy climb about and happily welcome *(hail)* everything under the sun.
It was *the heydays of his* (i. e. Time's) *eyes*.
Heyday is a period of great strength and power. We often speak of the heyday of youth.
So under the strong and youthful eyes of Time the boy was allowed to do whatever he liked. Time looked upon the boy approvingly and the boy and his doings appeared *golden* to him.

In diesen glücklichen Kindheitstagen, diesem *once below a time* (I, 7), ist also die Zeit selbst noch jung: Sie läßt den Knaben gewähren, sie mißt und rechnet nicht – das Erleben des Kindes ist ohne Zeitbewußtsein.

The boy lived there happily *once below a time,*
i. e. outside time: he had no sense of time.

Jetzt verstehen wir auch den paradoxen Anfang des Gedichts besser: *Now as I was young and easy...* (I, 1). – Es ist nicht so sehr die Übermacht der Erinnerung, welche die Logik der Sprache durch die Verbindung von *now* mit *was* sprengt. Vielmehr liegt die eigentliche Paradoxie dieses Sprechens darin, daß die Verse eine Zeit außer der Zeit beschwören wollen. Es ist eine Welt, die unsere Zeitvorstellung, das Gestern, Heute und Morgen noch gar nicht kennt, sondern im seligen, zeitlosen Augenblick ihre Erfüllung findet, glücklich in ihrem Einklang von Mensch und Natur.

Bevor wir an die Interpretation der zweiten Strophe gingen, hörten wir uns die erste Strophe noch einmal von der Platte an. Was wir im Gespräch in Einzelaussagen aufgelöst hatten, sollte auf diese Weise wieder ein Ganzes werden.

Da wir uns die beiden komplementären Themen des Gedichts:
1. das glückliche Leben des Knaben im Einklang mit der Natur,
2. sein zeitloses Erleben der Kindheitstage

an der ersten Strophe deutlich gemacht hatten, konnten wir uns bei den folgenden Strophen, die diese beiden Themen immer wieder aufnehmen und hymnisch feiern, vor allem auf die Erhellung der Sprache, besonders der Metaphorik, konzentrieren. Gleichzeitig sollte die vielfache Variation und Verschränkung häufig wiederkehrender Ausdrücke und Wendungen als Bauelement des Vers- und Strophengefüges erkannt werden.

Strophe II

1 And as I was green and carefree, famous among the barns
2 About the happy yard and singing as the farm was home,
3   In the sun that is young once only,
4   Time let me play and be
5   Golden in the mercy of his means,
6 And green and golden I was huntsman and herdsman, the calves
7 Sang to my horn, the foxes on the hills barked clear and cold,
8   And the sabbath rang slowly
9   In the pebbles of the holy streams.

Wieder beschwört der Dichter Bilder und Szenen aus seinen Kindheitstagen. Zu Anfang hatten wir uns mehr intuitiv in das Gedicht getastet. Jetzt, bei der zweiten Strophe, entdeckten wir bald die zahlreichen Parallelen zwischen dieser und der ersten Strophe. Wir stellten die parallelen Wendungen und Fügungen einander systematisch gegenüber:

Strophe II	*Strophe I*
green and carefree (1)	young and easy (1)
famous among the barns (1)	honoured among wagons (6)
the barns / About the happy yard (1/2)	the apple boughs / About the lilting house (1/2)
and singing as the farm was home (2)	and happy as the grass was green (2)
the sun that is young once only (3)	The night above the dingle starry (3)
Time let me play and be / Golden (4/5)	Time let me hail and climb / Golden (4/5)
in the mercy of his means (5)	in the heydays of his eyes (5)
I was huntsman and herdsman (6)	I was prince of the apple towns (6)
the calves / Sang to my horn (6/7)	I lordly had the trees... / Trail with daisies (7/8)
the pebbles of the holy streams (9)	Down the rivers of the windfall light (9)

Die Parallelität im Aufbau der beiden Strophen ist erstaunlich und von Thomas offensichtlich bewußt angelegt. Vieles in der zweiten Strophe läßt sich daher in Analogie zur ersten verstehen.

Das Hendiadyoin *green and carefree* (II, 1) erschloß sich uns aus dem parallelen *young and easy* der ersten Strophe (I, 1). Es entsprechen sich in diesen Ausdrücken *green* und *young, carefree* und *easy*.

Green wird schon in der ersten Strophe einmal gebraucht, und zwar in Verbindung mit dem Gras: *(I was as) happy as the grass was green* (I, 2) – das grüne Gras ist das erste, junge Gras. In II, 1, bezieht der Dichter *green* auf sein eigenes glückliches Jungsein: *I was green and carefree* – dies macht wieder den Einklang zwischen Mensch und Natur in dieser Welt deutlich.

Carefree und *easy* – beide meinen die Unbeschwertheit des Lebens auf Fern Hill, eine Unbeschwertheit, die keine Sorge, kein Grübeln über Zukunft und Vergangenheit kennt (auch dies wieder ein Aspekt der Zeitlosigkeit dieser Welt). Beide Begriffe gehen schließlich ein in *golden*, das nun in einem weiteren Hendiadyoin zu *green* tritt:

And green and golden I was huntsman and herdsman (II, 6).

Auch *golden* war uns vorher schon begegnet:

Time let me hail and climb
Golden in the heydays of his eyes (I, 4/5).

Und dann wieder in der zweiten Strophe:

Time let me play and be
Golden in the mercy of his means (II, 4/5).

Durch seine schillernde grammatische Rolle (Prädikativum/Adverb) wird uns *golden* hier schon ins Bewußtsein gerückt. Jetzt also (in II, 6) verbindet es sich mit *green* und wird Thomas zur festen Formel: *green and golden*. (In der fünften Strophe wird uns diese Formel wieder begegnen.) Was der Dichter darunter begreift, wissen wir: sorgloses, zeitloses Glück – das goldene Zeitalter seiner Jugend. Unsere Tafelskizze zu diesem Problem sah so aus:

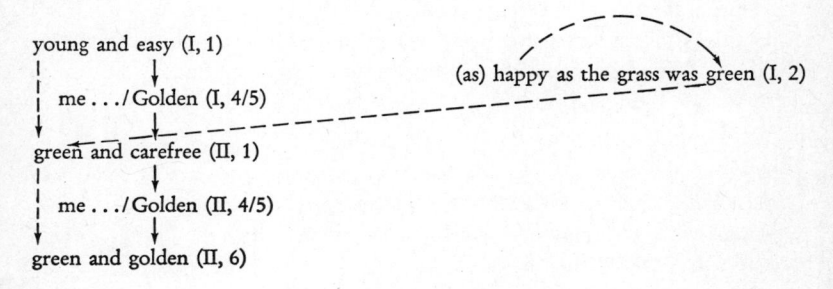

```
young and easy (I, 1)
      ↓                          (as) happy as the grass was green (I, 2)
   me.../Golden (I, 4/5)
      ↓
green and carefree (II, 1)
      ↓
   me.../Golden (II, 4/5)
      ↓
green and golden (II, 6)
```

Wir paraphrasierten dann die übrigen Korrespondenzen der Strophen:

...*famous among the barns* (II, 1): The boy was well-known on the farm(s).
...*the barns / About the happy yard* (II, 1/2): The barns stood round the farm yard where the boy often played happily.
...*and singing as the farm was home* (II, 2): The boy's singing shows how happy he was there. He regarded the farm as his home though the farm actually belonged to his uncle; cf. Brinnin's report; (as the farm was home = *da*...)
...*the sun that is young once only* (II, 3): The sun was young *once below a time* and only then, just as the poet himself. (Since then they have both grown old.)
Time let me play and be / Golden (II, 4/5): Time was like a kind father that allowed the boy to play and do what he liked.
...*in the mercy of his means* (II, 5): Time was, as it were, a "man of means", a rich man: his resources were boundless, his kindness great. He let the boy enjoy "his time" on the farm.
...*I was huntsman and herdsman* (II, 6): The boy went hunting and herded sheep and cattle sometimes.
...*the calves / Sang to my horn* (II, 6/7): Just as he *had the trees.../Trail with daisies* (I, 7/8) in a lordly manner, he also made the calves respond to his horn – he was their master. The foxes, too, responded to each other's barking – *The foxes...barked clear and cold* (II, 7).
And the sabbath rang slowly / In the pebbles of the holy streams (II, 8/9): The sound of water running over pebbles in the streams is compared to the sound of church bells on Sundays and holidays. As with bells, the sound comes from within the pebbles *(the sabbath rang slowly / In the pebbles...).* The fact that Thomas calls the streams *holy* shows how he feels about things in nature.

Auffallend ist, wie häufig in dieser Strophe von akustischen Eindrücken die Rede ist. Da sind die Sabbat-Glocken in den Bächen, das Bellen der Füchse, das Spiel auf dem Horn, dem die Kälber antworten, und schließlich das Singen des Jungen selbst. Beim zweiten Anhören der Strophe achteten wir auf die End- und Binnenreime, Alliterationen und Assonanzen, die alle die Strophe zum Klingen bringen.

Reime: *only – slowly* (*holy* – in Binnenstellung).
Alliterationen: *mercy – means; green – golden; huntsman – herdsman; horns – hills; clear – cold; sabbath – slowly.*
Assonanzen: *sun – young – once; yard – farm; sabbath – rang; home – cold; barns – calves; means – streams.*

Strophe III

1 All the sun long it was running, it was lovely, the hay
2 Fields high as the house, the tunes from the chimneys, it was air
3   And playing, lovely and watery
4   And fire green as grass.
5   And nightly under the simple stars
6 As I rode to sleep the owls were bearing the farm away,
7 All the moon long I heard, blessed among stables, the nightjars
8   Flying with the ricks, and the horses
9   Flashing into the dark.

Die dritte Strophe setzt die sommertägliche Szene der zweiten Strophe fort. In III, 5 geht diese Szene dann über in eine Darstellung der Nacht. Sonne und Mond sind das einzige Maß für die Zeit: *All the sun long...* (III, 1) – *All the moon long...* (III, 7)

L. What do we normally say for that?
S. All day long / all night long.
L. Now we hear more about the boy's life on the farm.
S. He used to run around a lot.
   running (1) verbal noun, not present participle!
The grass in the fields was as high as the farm house.
   hay fields (1/2) – where the grass grows that is to be cut and turned into hay.
The boy heard tunes in the chimneys.
   the tunes (2) – the whistling sound of the wind in the chimneys.

It was air / And playing (III, 2/3) versteht sich als parallele Fügung zu *it was running* (III, 1):

$$\text{it was} \begin{bmatrix} \text{running} \\ \text{air} \\ \text{playing} \end{bmatrix} = \text{there was a lot of} \begin{bmatrix} \text{running} \\ \text{air} \\ \text{playing} \end{bmatrix}$$

$$\text{there was a lot of} \begin{bmatrix} \text{running} \\ \text{playing} \end{bmatrix} = \text{I (we) did a lot of} \begin{bmatrix} \text{running} \\ \text{playing} \end{bmatrix}$$

there was a lot of air = we enjoyed the air (when we played outside)

Lovely and watery (III, 3) bezieht sich auf die Luft: sie streichelt und kühlt, es ist, als bade man in ihr.
   And fire green as grass (III, 4): selbst die Feuer, die man hin und wieder anzündet, haben dieselbe grüne Farbe wie alles Anfängliche, Junge in der Natur (vgl. *happy as the grass was green* I, 2; *green and carefree* II, 1; *green and golden* II, 6).

In III, 5 beginnt die Darstellung der Nacht. Ein traumhaftes Geschehen spielt sich hier ab.

As I rode to sleep (III, 6): Hoch auf dem Erntewagen und Pferde lenkend hat der Junge einen gut Teil seines Tages verbracht (vgl. I). Daher ist es kein *falling asleep,* sondern ein *riding to sleep:* das Erleben des Tages, die rhythmische Bewegung des Wagens und der Pferde schwingt in ihm noch nach vor dem Einschlafen. Langsam entschwindet dem Kind die Tagwelt:

Die Eulen beginnen ihren lautlosen Flug. Sie ziehen auf Beute aus, und im Traum sieht der Knabe, wie sie die ganze Farm davontragen *(the owls bearing the farm away* III, 6). Umgeben von den Ställen und in seligem Schlaf *(blessed among stables* III, 7) hört er die Nachtschwalben *(nightjars* III, 7) fliegen. Sie ziehen im Gefolge der großen Heuhaufen *(ricks* III, 8), die so hoch aufgetürmt sind, daß auch sie die Erde verlassen und davonfliegen *(the nightjars / Flying with the ricks* III, 7/8). Aber auch die Pferde hört er, hört, wie sie – befreit von der Tagesarbeit – ins Dunkel hinausstürmen *(the horses / Flashing into the dark* III, 8/9).

Strophe IV

1 And then to awake, and the farm, like a wanderer white
2 With the dew, come back, the cock on his shoulder: it was all
3   Shining, it was Adam and maiden,
4   The sky gathered again
5   And the sun grew round that very day.
6 So it must have been after the birth of the simple light
7 In the first, spinning place, the spellbound horses walking warm
8   Out of the whinnying green stable
9   On to the fields of praise.

Nach der Darstellung des traumhaften Geschehens der Nacht, nun das Erwachen am Morgen.

L. Now it's morning and the boy is waking up from his sleep and dreams.
What does he see there in the early morning?
S. The farm is there again, like a wanderer who has come back from his journey through the night.
    the farm, like a wanderer .../... come back (IV, 1/2)
There is dew everywhere, tiny drops of water that have formed on things in the cold night.
    white/With the dew (IV, 1/2)
The cock is sitting on the wanderer's shoulder, i. e. on the roof of one of the farm buildings.
    the farm, like a wanderer .../... the cock on his shoulder (IV, 1/2)

The sunlight is reflected in the white dew drops, so everything looks bright and shiny.
it was all / Shining (IV, 2/3)
Life on the farm was like life in paradise.
it was Adam and maiden (IV, 3)

L. In line 4 Thomas says that *the sky gathered again*. Normally we say that clouds gather. What do we mean by this?
S. When clouds gather, we can see how the clouds move together and form a big mass of clouds.
L. Yes, and when the sky gathers it brings together all its strength and energy. You can't see this, but the boy can feel it in the bracing morning air.
Maybe you can guess now what is meant by the next line:
And the sun grew round that very day (IV, 5).
S. The sun also gathered all its strength and energy and grew into something round and strong.

In IV, 6–9 wird die zeitanfängliche, paradiesische Szene, die in dieser Strophe schon in *it was Adam and maiden* (IV, 3) deutlich anklingt, weiter ausgeführt. Es ist die Zeit *after the birth of the simple light* (IV, 6), die Zeit unmittelbar nach der Erschaffung des Lichts. Riesige Rotationskräfte haben die Erde geschaffen, *the first, spinning place* (IV, 7) – auch dies ein *gathering of energy*.

Von den Pferden, die zuerst noch wie verzaubert unter dem Eindruck des Geschehens stehen *(spellbound horses* IV, 7), löst sich der Bann: Leben fließt in sie ein *(walking warm* IV, 7), sie verlassen den „wiehernden Stall" *(whinnying stable* IV, 8 – der Stall, aus dem das Wiehern der Pferde zu hören ist [9]) und drängen hinaus auf die paradiesischen Fluren *(the fields of praise* IV, 9).

Die Strophen III und IV bilden, ähnlich wie die Strophen I und II, eine Einheit, die sich hier allerdings weniger durch syntaktisch-formale als durch thematische Korrespondenzen ausweist. Auf den ersten Blick sind die Korrespondenzen nicht so offensichtlich wie in den Strophen I und II, dies auch deshalb, weil es sich hier nicht allein um Parallelen, sondern auch um Oppositionen handelt. Prüfen wir das nach. (Wir geben jeweils in Stichworten den assoziativen thematischen Bezug an.)

Strophe III	*Strophe IV*
All the sun long (1)	And then to awake (1)
Sonne – Tag – Erwachen	
it was running (1)	(and the farm, like) a wanderer (1)
Laufen – Wanderschaft	

---

9 Vgl. zu dieser Enallage auch *happy yard* (II, 2); *the lilting house* (I, 1); *the gay house* (V, 1).

Strophe III	Strophe IV
Fields high as the house, / the tunes from the chimneys (2)	the cock on his shoulder (2)
hoch oben: das Singen in den Kaminen – das Krähen des Hahns	
it was air / And playing (2/3)	it was all / Shining (2/3)
syntaktisch: it was + noun/pron.; thematisch: jugendliches Spiel – der junge Tag	
lovely and watery (3)	it was Adam and maiden (3)
elliptischer syntaktischer Parallelismus: it was + noun/adj.	
chiastische Stellung: Adam/maiden – lovely/watery	
And fire green as grass (4)	The sky gathered again (4)
Feuer – Himmel – Tag	
And nightly under the simple stars (5)	And the sun grew round that very day (5)
thematische Opposition: Nacht – Tag	
As I rode to sleep the owls were bearing the farm away, / All the moon long I heard, blessed among stables, the nightjars (6/7)	So it must have been after the birth of the simple light / In the first, spinning place, the spellbound horses walking warm (6/7)
thematische Opposition: Einschlafen – Erwachen	
(...the nightjars) / Flying with the ricks, and the horses / Flashing into the dark. (8/9)	(...the horses walking warm) / Out of the whinnying green stable / On to the fields of praise. (8/9)
das Hinausziehen in die Nacht, in den Tag	

Beziehen die Strophen III und IV die äußeren Naturvorgänge stärker mit ein (Sonne/Mond – Tag/Nacht), so kehren wir in den Strophen V und VI wieder zum persönlichen Erleben und Erfahren dieser Welt durch den Knaben zurück, wie uns dies schon die Strophen I und II veranschaulichten.

Strophe V

1 And honoured among foxes and pheasants by the gay house
2 Under the new made clouds and happy as the heart was long,
3   In the sun born over and over,
4   I ran my heedless ways,
5   My wishes raced through the house high hay
6 And nothing I cared at my sky blue trades, that time allows
7 In all his tuneful turning so few and such morning songs
8   Before the children green and golden
9   Follow him out of grace,

Der Anfang dieser Strophe erinnerte uns an Wendungen, die Thomas schon früher gebrauchte. Wir entdeckten jedoch rasch, daß hier nicht wie bisher nur zwischen zwei Strophen Korrespondenzen bestehen; vielmehr fanden wir Korrespondenzen zwischen dieser fünften Strophe und allen vorausgehenden.

In den ersten drei Versen von Strophe V gehen die Bezüge zu Strophe I und II zurück. Vom fünften Vers an werden auch die Strophen III und IV noch in das Bezugsfeld mit aufgenommen.

Strophe V	Strophe I, II
And honoured among foxes and pheasants (1)	honoured among wagons (I, 6) famous among the barns (II, 1)
the gay house / Under the new made clouds (1/2)	the barns / About the happy yard (II, 1/2) the apple boughs / About the lilting house (I, 1/2)
and happy as the heart was long (2)	and happy as the grass was green (I, 2) and singing as the farm was home (II, 2)
In the sun born over and over (3)	In the sun that is young once only (II, 3) The night above the dingle starry (I, 3)

Halten wir hier kurz ein. Die ersten beiden Parallelen erklären sich inhaltlich und in ihrer Fügung aus dem bereits Gesagten. Sprachlich erhellen müssen wir die Wendung *and happy as the heart was long* (V, 2). Ihr liegt die gebräuchlichere Wendung *happy as the day is long* zugrunde. Solche Umprägungen sind uns schon früher begegnet:

All the sun long (III, 1) – all day long
All the moon long (III, 7) – all night long

To be happy as the day is long bedeutet: glücklich und zufrieden sein. Die Dauer des Glücks mißt diese Wendung an der Länge des Tages. Dylan Thomas setzt das Herz des Menschen als Maß für das Glück.

In the sun born over and over (V, 3): jeden neuen Tag erlebt der Junge[10] wie ein neuerliches Geborenwerden, jeder Sonnenaufgang bringt ein Erwachen im taufrischen Paradies, ist ein zeitanfänglicher Neubeginn (vgl. Strophe IV).

Der vierte Vers dieser fünften Strophe leitet eine Wende im Gedicht ein. Die so intensiv beschworene paradiesische Kindheitswelt, ihre Unschuld und selbstverständliche Teilhabe an der Gnade – all dies beginnt dem

---

10 Das Subjekt zu *born over and over* (V, 3) kann von der grammatischen Konstruktion her gesehen sowohl *the sun* (V, 3) wie auch *I* (V, 4) sein: beide – Mensch und Natur – erleben miteinander und aneinander die ständige Neugeburt. Auch dies wieder Ausdruck des Einklangs von Mensch und Natur.

Dichter zu entgleiten, ja, es wird ihm schließlich (VI) überhaupt fraglich. Durch Zufall ist uns eine Äußerung Dylan Thomas' zu diesem inhaltlich wie strukturell entscheidenden vierten Vers der Strophe V überliefert. Brinnin berichtet:

„There was one line in ‚Fern Hill', [Thomas] said, that embarrassed him. He felt he should not have allowed the poem to be published until the line had been excised in favor of a better one. But months of thinking how to change it had led nowhere. When I asked him what the offending line was, he gave me a copy of the poem and asked me to pick it out. I could not. Then he pointed to the passage

And honoured among foxes and pheasants by the gay house
Under the new made clouds and happy as the heart was long,
   In the sun born over and over,
      I ran my heedless ways,
...

and said with a sneer, ‚ran my heedless ways!' – that's bloody bad."[11]

Wenn wir die Stellung dieses Verses im Gesamtgefüge des Gedichts bedenken, verstehen wir vielleicht, wie Thomas zu seinem Urteil kam. Dieser vierte Vers hat – so will es uns scheinen – nicht das Gewicht, das er auf Grund der so wichtigen parallelen Verse I, 4 und II, 4 haben müßte. Dort heißt es mit emphatischem Starktoneinsatz:

'Time let me hail and climb
'Golden... (I, 4)

und

'Time let me play and be
'Golden... (II, 4)

Jetzt aber, in der fünften Strophe, finden wir an derselben Stelle (Vers 4) – einer Stelle, die zudem noch die Wende in der Aussage des Gedichts markieren sollte:

I ran my heedless ways (V, 4)

Daß Thomas solche strukturellen Korrespondenzen wichtig waren, weiß man aus seinen eigenen Äußerungen[12] und ist wohl auch aus unseren bisherigen Beobachtungen an „*Fern Hill*" deutlich geworden. Er feilte zu diesem Zweck unermüdlich an seinen Werken; allein von „*Fern Hill*" existieren 200 verschiedene Vorfassungen[13].

---

11 *Brinnin, J. M.:* a. a. O., S. 127.
12 Vgl. dazu *Brinnin, J. M.:* a. a. O., S. 124. Vgl. außerdem *Jones, D., ed.:* a. a. O., S. 250.
13 *Brinnin, J. M.:* a. a. O., S. 125–126.

Dylan Thomas: Fern Hill 169

Hier noch die übrigen inhaltlichen und strukturellen Korrespondenzen dieser fünften Strophe zu den vorausgegangenen Strophen:

Strophe V	Strophe I, II, III, IV
My wishes raced through the house high hay (5)	in the heydays of his eyes (I, 5) in the mercy of his means (II, 5) the hay / Fields high as the house (III, 1/2)
And nothing I cared at my sky blue trades (6)	And green and golden I was huntsman and herdsman (II, 6) I was prince of the apple towns (I, 6)
In all his tuneful turning (7)	In the first, spinning place (IV, 7)
... so few and such morning songs (7)	the foxes ... barked clear and cold (II, 7)
Before the children green and golden / Follow him out of grace. (8/9)	(... the horses walking warm) / Out of the whinnying green stable / On to the fields of praise (IV, 8/9)
	(... the nightjars) / Flying with the ricks, and the horses / Flashing into the dark. (III, 8/9)

L. The boy is still *at his sky blue trades,* still doing whatever he likes, out there in the fields under the blue sky. Life is still a series of wild wishes *(My wishes raced through the house high hay* V, 5) which he blindly expects to be fulfilled. And yet there is a feeling that trouble is coming.

S. He now speaks of his *heedless ways,* his careless ways. He says he didn't care.
He realizes now that Time is not so generous as he thought. Life is not all songs.

... *time allows / In all his tuneful turning so few* ... *songs* (V, 6/7); *in all his tuneful turning* = the movements *(turning)* of the heavenly bodies by which time is measured and which are supposed to produce the music *(tuneful)* of the spheres.

L. What songs are these he is referring to?

Hier muß man genau zuhören, wie Thomas *morning songs* (V, 7) betont. Er liest nämlich 'morning 'songs (mit *level stress).* Es ist für ihn kein *compound noun,* sonst müßte er 'morning songs betonen [14]; *morning* wird im Gedicht wie ein attributives Adjektiv behandelt (vgl. *a* 'black 'bird = ein schwarzer Vogel und *a* 'blackbird = eine Amsel) — eine ungewöhnliche Fügung. Was gewinnt Thomas damit? Vergleichen wir:

---

14 Vgl. *Allen, W. St.:* Living English Speech. London: Longmans 1956. S. 181.

such 'blackbirds   – 'blackbirds of this type
such 'morning songs   – 'morning songs of this type
such 'black 'birds   – birds which are so black
such 'morning 'songs – songs which are so morning (!)

Die sprachübliche Betonung ist 'morning songs; sie ergibt aber im Kontext des Gedichts keinen Sinn. Thomas' Fügung 'morning 'songs verstößt gegen die Grammatik, aber sie ergibt Sinn im Gedicht. 'Morning 'songs sind die Lieder des paradiesischen Anfangs der Welt; 'morning songs sind Lieder, die man morgens singt (vgl. auch 'morning room = sitting room for the morning).

L. These songs then which are so *morning*, so full of that green and golden morning of the earth – the children are not allowed forever to sing them and to live in that world of which these songs sing.
S. No, it's Time that eventually leads them out of this world. (They) *follow him out of grace* (V, 9).
Time takes that paradise away from them.

Das Enjambement zur letzten Strophe hin läßt eine unheilvolle Eile spüren: wir ahnen schon den Zusammensturz der so intensiv beschworenen Welt.

Strophe VI

1 Nothing I cared, in the lamb white days, that time would take me
2 Up to the swallow thronged loft by the shadow of my hand,
3   In the moon that is always rising,
4   Nor that riding to sleep
5   I should hear him fly with the high fields
6 And wake to the farm forever fled from the childless land.
7 Oh as I was young and easy in the mercy of his means,
8   Time held me green and dying
9   Though I sang in my chains like the sea.

Der erste Vers dieser Strophe nimmt Vers 6 der vorhergehenden Strophe in nur leichter Abwandlung auf:

And nothing I cared at my sky blue trades, that time allows (V, 6)
Nothing I cared, in the lamb white days, that time would take me (VI, 1)

Die Leichtfertigkeit seines jugendlichen Tuns *(Nothing I cared)* wird hier nochmals betont. Aber die Wiederaufnahme des früheren Verses ist auch ein sprachliches Verharren, ein Innehalten vor dem eilenden Unheil: Er spricht diesen Vers im Bewußtsein des bevorstehenden Verlusts seiner paradiesischen Kindheitswelt – *(his) lamb white days*.

L. Time, we said, eventually leads the boy and the other children out of this green and golden paradise, they *follow him out of grace*. How is this seen in the poem?
S. It happens one night when he goes to bed. Time takes the boy by the hand...
L. Yes, but Time holds him only lightly *by the shadow of his hand* (VI, 2). The boy hardly notices it, you see...
S. ...and he goes to sleep (VI, 4). The moon is there, as always (VI, 3)...
L. ...just as the sun is always there during the day (V, 3)...
S. ...the bird's nest under the roof (VI, 2). Everything is as he described it in stanza III.
L. Yes, but then something happens. Remember the owls in stanza III?
S. The owls used to carry the farm away at night.
Now it's Time that carries the fields away (VI, 5).
L. Yes, but the farm used to come back in the morning, like a wanderer (IV, 1).
S. This time the farm is gone when he wakes up and there are no children any more (VI, 6). He himself is not a child any more.

Als wir hier angelangt waren, hielten wir inne. Das Geschehen war geklärt, der Verlust der Kindheitswelt war Wirklichkeit geworden. Die letzten drei Verse (VI, 7, 8, 9), welche die eigentliche gedankliche Wende bringen, bestehen aus „Formeln", die Thomas im Laufe des Gedichts entwickelt hat und die uns vertraut waren. Eine dieser Formeln, die wichtigste, *green and golden,* wird nun noch ganz entscheidend variiert. Ich wollte, daß die Schüler diesen Höhepunkt des Gedichts über das Ohr aufnahmen. Daher hörten wir uns das Gedicht als Ganzes noch einmal von der Platte an.

4. Zweites Anhören von Dylan Thomas' Vortrag

Thomas' Vortrag, der die meisten von uns schon beim ersten Anhören beeindruckt hatte, von dem aber einzelne Schüler zunächst meinten, daß er Emotionen zu wecken versuche (dies gestanden sie mir später), dieser Vortrag nun im Anschluß an unser *close reading* war überwältigend. In seinem kunstvoll gefügten Bau wurde uns das Werk zu einem intellektuellen Erlebnis.

Zu Anfang des drittletzten Verses (vor dem wir mit unserer Textinterpretation innegehalten hatten) hebt Thomas die Stimme. Aber nicht nur dies: es ist, als schlage das Gedicht von Dur nach Moll um. Das *now* des Anfangs (I, 1), das die Vergegenwärtigung des Vergangenen erzwingen wollte, wird zu einem schmerzlichen *Oh* (VI, 7):

Oh as I was young and easy in the mercy of his means,
    Time held me green and dying
    Though I sang in my chains like the sea. (VI, 7 bis 9)

Thomas' Stimme senkt sich nicht über *sea* am Ende, wie man vielleicht erwartet: es bleibt etwas Unaufgelöstes.

Die Formel *green and golden* ist es, die ihre letzte und wichtigste Veränderung erfährt: *green and dying* (VI, 8) heißt es nun. Die Schüler hatten es bemerkt. Welche Folgerungen würden sie daraus ziehen?

Man muß hier als Lehrer warten, die Dinge nicht überstürzen. Es braucht Zeit, um diese Kehre im Gedicht voll zu begreifen. Zusammengefaßt sei hier wiedergegeben, worauf wir uns besannen:

The main part of the poem gives us a picture of the poet's youth. It was a time of great happiness. It seemed as if nothing could ever change and grow old, as if time did not yet exist.

As we read the poem we feel that this happiness cannot last. Towards the end we see how Time enters this youthful world and makes his demands upon it. But just as the boy is led away from this world, he realizes that there never has been such a time outside time in his life. Even when he thought that his life was *green and golden* he was really *green and dying*. Time had him in chains (VI, 9) from the beginning, though he sang like the never changing and eternal sea (VI, 9). Unlike the eternal sun (V, 3), moon (VI, 3) and sea (VI, 9) he has been dying ever since his birth (VI, 8).

L. So the poet has really been talking about an illusion all along?
S. Yes, in a way, but he has come to understand the truth about himself through this illusion.

Man könnte einwenden, wir hätten mit unseren mehr paraphrasierenden Erläuterungen die Kunstgestalt des Gedichts nicht genügend beachtet. Dieser Einwand läßt sich nicht ganz von der Hand weisen.

Wir haben uns für dieses Vorgehen entschlossen, weil wir glaubten, es sei ehrlicher, wenn wir dem Schüler zunächst einmal über die „Sprachbarriere" des Englischen hinweghelfen – soweit wir selbst dazu in der Lage sind. Selbstverständlich kann mit einer bloßen Paraphrase ein Gedicht in seiner künstlerischen Form nicht einsichtig gemacht werden. Wir glauben aber, daß unser Verfahren dem Schüler doch eine erste Ahnung von der künstlerischen Formung des Werkes geben konnte.

Wir denken etwa an das Gefüge der Korrespondenzen und Oppositionen, das sich über das ganze Gedicht erstreckt. Dieses Gefüge ist – obwohl von uns zunächst vornehmlich inhaltlich erfaßt und als Mittel wechselseitiger Erhellung der Strophen methodisch genützt – ein wichtiges Element der künstlerischen Gestalt dieses Werkes. In ihrer Gesamtheit und als bedachtes Bauprinzip des Gedichts waren uns diese Vers- und Strophenkorrespondenzen der formale Ausdruck für die Statik der dargestellten zeitlos-ewigen Welt, einer Welt, die keine Veränderung, keine Entwicklung kennt.

Was die metrische Form betrifft, so haben wir uns hierbei auf das intuitive Verständnis der Schüler verlassen. Es ist meines Erachtens nicht entscheidend zu wissen, daß Thomas hier einen Vers verwendet, der nicht die Hebungen, sondern die Silben zählt[15], und daß das Silbenschema der Strophe 14, 14, 9, 6, 9, 14, 14 (15), 7 (9), 9 (6) ist. Sicher ließe eine Untersuchung darüber, wie Thomas dieses Schema handhabt, wie er es umspielt und variiert (vgl. die in Klammern gesetzten Silbenzahlen), noch weitere und feinere Bezüge zwischen den Versen und Strophen erkennen. Uns war wichtig, die Bewegung dieser Sprache zu erfassen. Damit meinen wir den eigentümlichen Wechsel von ausladend-fließendem Langvers und pochend-akzentuiertem Kurzvers. Diesem strengen Aus- und Einschwingen der Verse eignet etwas feierlich Messendes: die Zeit, die sich am Ende als Zerstörer des beschworenen Kindheitsparadieses erweist, bestimmt in dieser Bewegung der Sprache von Anfang an den Pulsschlag der Welt des Gedichts. Richtig verstanden, so argumentierten wir, geht also die Sprachgestalt dem Gehalt des Gedichts vorauf, holt der Inhalt die Form erst in jenem *green and dying* am Ende ein.

Im Spannungsfeld zwischen dieser das Thema der Zeitlichkeit *(green and dying)* vorwegnehmenden Sprachbewegung und der Statik der dargestellten zeitlos-ewigen Welt *(green and golden)*, wie sie im Gefüge der inhaltlichen und syntaktischen Korrespondenzen ihren Ausdruck findet, in diesem Spannungsfeld steht letztlich das Werk – unaufgelöst in seiner künstlerischen Gestalt.

Wußten wir es nicht? Es ist die Paradoxie des Sprechens in der Zeit über eine Zeit außer der Zeit: *Now as I was young and easy...* (I, 1). Daß wir bei aller ursprünglichen Inhaltsbezogenheit unseres Interpretationsweges doch noch zur Einsicht in die formalen Bedingtheiten des Gedichts gelangt sind, dies könnte unser Vorgehen auch vor strengeren Augen bestehen lassen.

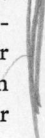

---

15 „Syllabic count without regular stress pattern eventually took its place in his [i. e. Thomas's] most serious poetry." Vgl. *Jones, D., ed.:* a. a. O., S. 245 und S. 248.

Harold Pinters Sketch: Last to Go

Untersuchungen zur Dialogführung

Ich beginne mit einer Ketzerei: Seit einiger Zeit schon ist es meine Vermutung, daß Auge und Ohr unserer Schüler schärfer sind, als wir, ihre gedankenbeschwerten Lehrer, uns oft bei der Interpretation eines literarischen Werkes träumen lassen. Und weil ihre Sinne schärfer sind, ist auch häufig ihr Zugang unmittelbarer. Dies bestätigte sich mir, als ich mit einer Oberprima den Versuch machte, eines der kurzen Stücke Harold Pinters, der sog. *revue sketches*, zu lesen. Das Ganze kam so.

Ein Referendar war mit dem *„Caretaker"* [1] in seiner Klasse nicht zurechtgekommen, und ich selbst – es sei gestanden – hatte ihm nur wenig interpretatorische und methodische Hilfe geben können. Ich fing daher an, mich in Pinter einzulesen.

In dem Band *„A Slight Ache and Other Plays"* [2] stieß ich dabei auf die *revue sketches,* die Pinter für verschiedene *shows* geschrieben hat. Von diesen Sketchen packte mich besonders einer, *„Last to Go"*. Kurz entschlossen vervielfältigte ich das Ganze für meine Schüler (1¼ DIN A 4). Als ich mich dann aber fragte, wie ich das nun behandeln wolle, erfaßte mich methodisches Unbehagen. Was war schon an der kurzen Szene zu „deuten"? Ein Zeitungsverkäufer unterhält sich mit einem Kellner darüber, welche seiner Zeitungen die letzte war, die er verkauft hat – das ist alles. Der Sketch hatte mir gefallen, aber was ließ sich sonst noch darüber sagen? Mit Zögern nur teilte ich am Ende der nächsten Unterrichtsstunde die Blätter aus: *„I don't really know why I'm giving you this. All I can tell you is: it had me fascinated when I read it. Have a look at it for next time; perhaps you'll like it, too."*

---

1 *Pinter, H.:* The Caretaker. London: Methuen 1963. Als Schulausgabe jetzt erhältlich in Diesterwegs Neusprachlicher Bibliothek, Nr. 4150. Frankfurt a. M.: Diesterweg 1969.

2 *Pinter, H.:* A Slight Ache and Other Plays. London: Methuen 1968. Der Band enthält neben drei Theaterstücken (A Slight Ache; A Night Out; The Dwarfs) fünf Sketche (Trouble in the Works; The Black and White; Last to Go; Applicant; Request Stop).

Ein lahmer Einstieg, zugegeben. Zu meiner Überraschung fragten mich zwei Schüler anschließend, ob sie den Sketch in unserer nächsten Stunde „bieten" dürften – es waren zwei aus unserer Theatergruppe. Im Augenblick war ich nicht sicher, wie ich mich zu dem Vorschlag stellen sollte – die Erfahrungen des Referendars warnten mich. Doch dann sagte ich mir: auch wenn die Sache schief ginge, so viel Initiative mußte Anerkennung finden, und so gab ich meine Zustimmung. Hier nun der Text des Sketches.

Harold Pinter: Last to Go

A coffee stall. A barman and an old newspaper seller. The barman leans on his counter, the old man stands with tea. Silence.

Man: You was a bit busier earlier.
Barman: Ah.
5 Man: Round about ten.
Barman: Ten, was it?
Man: About then. *(Pause)* I passed by here about then.
Barman: Oh yes?
Man: I noticed you were doing a bit of trade. *(Pause)*
10 Barman: Yes, trade was very brisk here about ten.
Man: Yes, I noticed. *(Pause)* I sold my last one about then. Yes. About nine forty-five.
Barman: Sold your last then, did you?
Man: Yes, my last "Evening News" it was. Went about twenty to ten.
15 *(Pause)*
Barman: "Evening News", was it?
Man: Yes. *(Pause)* Sometimes it's the "Star" is the last to go.
Barman: Ah.
Man: Or the... whatsisname.
20 Barman: "Standard".
Man: Yes. *(Pause)* All I had left tonight was the "Evening News". *(Pause)*
Barman: Then that went, did it?
Man: Yes. *(Pause)* Like a shot. *(Pause)*
Barman: You didn't have any left, eh?
25 Man: No. Not after I sold that one. *(Pause)*
Barman: It was after that you must have come by here then, was it?
Man: Yes, I come by here after that, see, after I packed up.
Barman: You didn't stop here though, did you?
Man: When?
30 Barman: I mean, you didn't stop here and have a cup of tea then, did you?
Man: What, about ten?
Barman: Yes.
Man: No, I went up to Victoria.
Barman: No, I thought I didn't see you.
35 Man: I had to go up to Victoria. *(Pause)*

	Barman:	Yes, trade was very brisk here about then. *(Pause)*
	Man:	I went to see if I could get hold of George.
	Barman:	Who?
	Man:	George. *(Pause)*
40	*Barman:*	George who?
	Man:	George...whatsisname.
	Barman:	Oh. *(Pause)* Did you get hold of him?
	Man:	No. No, I couldn't get hold of him. I couldn't locate him.
	Barman:	He's not about much now, is he? *(Pause)*
45	*Man:*	When did you last see him then?
	Barman:	Oh, I haven't seen him for years.
	Man:	No, nor me. *(Pause)*
	Barman:	Used to suffer very bad from arthritis.
	Man:	Arthritis?
50	*Barman:*	Yes.
	Man:	He never suffered from arthritis.
	Barman:	Suffered very bad. *(Pause)*
	Man:	Not when I knew him. *(Pause)*
	Barman:	I think he must have left the area. *(Pause)*
55	*Man:*	Yes, it was the "Evening News" was the last to go tonight.
	Barman:	Not always the last though, is it, though?
	Man:	No. Oh no. I mean sometimes it's the "News". Other times it's one of the others. No way of telling beforehand. Until you've got your last one left, of course. Then you can tell which one it's going to be.
60	*Barman:*	Yes. *(Pause)*
	Man:	Oh yes. *(Pause)* I think he must have left the area.

Der Vortrag der beiden Schüler in der nächsten Stunde war nicht nur für die Klasse eine Überraschung. Mit Vesperbrot und einem Glas Wasser standen die beiden da, bis es ganz ruhig war. Das leise Klirren des Löffels beim Umrühren im Glas machte die Stille noch deutlicher. Und dann kamen die ersten Worte des alten Mannes, langsam, tastend und über das Glas gebeugt gesprochen, ein *conversational gambit:*

Man: You... was a bit busier... earlier.

Ja, so war es richtig. Hier wurde gesprochen, um die Stille zu beenden *(silence* fordert die Regieanmerkung für den Anfang), das war *language intended to abolish silence*[3]. Hatte dieses Sprechen eine Chance?

---

3 „Some uses of language, such as what is called ‚phatic' communion, that sort of spoken language intended to abolish silence – spoken greetings, spoken comments (in British English) about the weather, chatter about a friend's new car, gossip between housewives over the garden fence or in a bus queue – exist only in

Widerstrebend, so, als wollte man sich auf nichts einlassen, kam die Reaktion des anderen:

Barman: Ah.
Man: Round about ten.
Barman: Ten, was it?

Schnell ist der Kellner ausgewichen, aber der Alte insistiert:

Man: About then. *(Pause)* I passed by here about then.
Barman: Oh yes?

Mit herabgelassenen Visieren lagen die beiden voreinander auf der Lauer. Wir sahen von unseren Texten auf und waren ganz Ohr...

So einfach also war das – und ich hatte mir überlegt, was ich „darüber" sagen könnte. Die Frage, was das Ganze soll, war den beiden offenbar gar nicht gekommen. Oder vielleicht doch, nur daß sie sich die Antwort darauf ganz anders gegeben hatten, als ich es vermocht hätte? Ich mußte das klären. Als der Vortrag zu Ende war, gab es spontanen Beifall.

L. Tell me, how did you find out how you had to read your parts?
S. Well, we first tried to see what it all led up to. We thought that the old man wanted to say something specific to the barman but when we had read the sketch to the end we realized that he never got that far. The reason for this is that the old man can't get through to the barman. He's trying hard to get through to him but somehow the barman always manages to shake him off.
L. So what would you say the sketch is all about?
S. I don't know – there's just this old man and he's trying to make conversation. Or rather: he starts to talk and expects to be talked to...
L. ...and somehow it doesn't work out – is that it?
S. Yes, something like that. But you feel it's almost like a battle.

Ich schlug vor, das am Text nachzuprüfen. Zeile um Zeile gingen wir den Sketch durch, und Schritt um Schritt ergab sich die sprachliche Begründung für den Vortrag der Schüler. Bei diesem Versuch *„to supply an accurate, sharp, loving description of the appearance of a work of art"* [4] wurde uns klar, daß die Faszination des Pinterschen Sketches nicht so sehr von seinem „Inhalt" ausging als vielmehr von seiner Handhabung der Sprache, seiner Technik der Dialogführung.

---

phonic substance. In the same kind of way, some uses of language exist only in graphic substance – official forms, Acts of Parliament, legal documents. Some uses of language exist in both..."
Vgl. *Darbyshire, A. E.:* A Description of English. London: Edward Arnold 1967. S. 25.

[4] *Sontag, S.:* Against Interpretation. New York: Dell Book (0083) 1969. S. 22.

Die Dialogführung in „Last to Go"

Pinter sagte einmal über das Problem der sprachlichen Verständigung: *„I feel that instead of any inability to communicate there is a deliberate evasion of communication. Communication itself between people is so frightening that rather than do that there is continual cross-talk, a continual talking about other things rather than what is at the root of their relationship."* [5]

Nicht *inability to communicate* kennzeichnet das Verhältnis der Menschen zueinander, sondern *a deliberate evasion of communication*. Dieses Ausweichen wurde von Anfang an beim Vortrag der Schüler spürbar. Wir fragten nun nach den Gestaltungsmitteln dieses sprachlichen Vorgangs.

Die erste Äußerung des Alten – *You was a bit busier earlier* – erhält lediglich ein *Ah* [ɑː] zur Antwort. Es ist als Bestätigung zu verstehen; im Deutschen wäre es phonetisch mit [m'hm] wiederzugeben. Von der lautlichen Substanz her gesehen hätte der Kellner kaum weniger beisteuern können, vor diesem *Ah* liegt nur noch das Schweigen. Und doch bedeutet es Beitrag, Teilnahme, wenn auch auf der niedrigsten Stufe. Bedeutet es auch Aufforderung an den andern, weiterzusprechen? Dem Alten genügt offenbar die Gewißheit, daß er gehört wird, um fortzufahren:

Man: Round about ten.

Er nimmt das *earlier* seiner ersten Äußerung auf und faßt es genauer. Kommt es ihm also auf die Zeit an, nicht auf das *busier*? Will er den Kellner auf eine bestimmte Zeit festlegen? Wachsamkeit scheint geboten:

Barman: Ten, was it?

Die Rückfrage *„Ten?"* ist mit einem *question tag* getarnt – *„was it?"* Der Kellner kann (will?) sich nicht erinnern. Aus Zerstreutheit, Vorsicht oder Gleichgültigkeit?

Man: About then. *(Pause)* I passed by here about then.

Der Alte besteht auf seiner Zeitangabe; die Pause, die er macht, verleiht dieser Aussage noch an Gewicht. Ist das ein Verhör?

Barman: Oh yes?

Leichthin, mit gespielter Gleichgültigkeit gesprochen. Der Kellner verhält sich abwartend.

Man: I noticed you were doing a bit of trade. *(Pause)*

---

5 Zit. nach *Taylor, J. R.:* Anger and After. Pelican Book A 641, 1968. S. 296.

Der Alte schlägt einen Bogen zurück zu dem *busier* seiner ersten Äußerung. Nun, mit ein bißchen *shop talk* kann der Kellner dienen:

Barman: Yes, trade was very brisk here about ten.

Das Adjektiv *brisk* gibt mit bewunderungswürdiger Präzision das sprachliche Klischee preis: *trade was very brisk* – das könnte aus einer Werbeschrift für Geschäftsinhaber stammen. Es kam dem Kellner leicht über die Lippen, so leicht, daß er gar nicht merkte, wie er sich da am Schluß noch vertan hat: War ihm nicht noch dieses *about ten* herausgerutscht?

Man: Yes, I noticed. *(Pause)*

Lange Pause. Ob's der Alte gemerkt hat? Sag schon was, Alter.

Man: I sold my last one about then. Yes, about nine forty-five.

Das ging nochmals gut; scheint ja ziemlich harmlos, der Bursche, ein Zeitungsverkäufer vermutlich.

Barman: Sold your last then, did you?

Die Rückfrage ist diesmal nicht so sehr Tarnung als vielmehr vage Ermunterung, weiterzusprechen; sie tut so, als sei sie an den Geschäften des anderen interessiert. Das *Sold your last then* ist eine Wiederaufnahme der Worte des Alten – *I sold my last one about then* – keine wörtliche Wiederholung jedoch, wie man sieht. Die wörtlich genaue Wiederholung vermeiden wir im Gespräch; sie ist ganz bestimmten Situationen vorbehalten, z. B. der Befehlsdurchgabe, dem Diktat, dem Verhör und ähnlichem.

Mit dieser letzten Bemerkung (Zeile 13) beginnt der Kellner, eine Gewichtsverlagerung im Gespräch vorzunehmen. In den folgenden Zeilen (Z. 14–28) lenkt er die Unterhaltung konsequent von sich weg auf den Alten. Ist es nur ein Manöver, oder tut er es aus menschlichem Interesse? Die sprachlichen Mittel, deren er sich dabei bedient, sind einfach. Zunächst (Z. 16) ist es wieder eine Rückfrage *(„Evening News", was it?)*[6]. In Zeile 18 versichert ein rasch eingeschaltetes *Ah* dem Alten, daß man ihm zuhört; in Zeile 20 hilft der Kellner dem Gedächtnis des alten Mannes mit einem geschickten Einwurf auf *(„Standard")*[7]. Das Tempo der Unterhaltung hat in diesen Zeilen merklich zugenommen. Die zwei Pausen in der folgenden

---

6 Die Antwort des Alten darauf (Zeile 17) zeigt die umgangssprachliche Möglichkeit, das Relativpronomen auch im Subjektsfall nach einleitendem *it is...* wegfallen zu lassen. In Zeile 55 begegnet uns dieselbe Erscheinung nochmals (nach *it was*). Vgl. hierzu *Hornby, A. S.:* A Guide to Patterns and Usage in English. London: Oxford University Press 1960. § 94 1.

7 Zeile 19: *whatsisname* hier: *what is its name; what is his name* (Zeile 41).

Äußerung des Zeitungsverkäufers (Z. 21) lassen es ratsam erscheinen, ihn etwas zu animieren (Z. 22: *Then that went, did it?*). Aber der Alte bremst ab. Das wieder zwischen zwei Pausen eingeschaltete *Like a shot* (Z. 23) ist von großer Komik, da die Bedächtigkeit, mit der es gesprochen wird, im Gegensatz zu seinem Inhalt steht. Der Kellner scheint sich dem neuen Tempo des Alten anzupassen; mit seiner nächsten Bemerkung tritt er deutlich auf der Stelle:

Barman: You didn't have any left, eh?

In den folgenden Zeilen sieht es so aus, als verfolge er aber doch noch ein bestimmtes Ziel:

Barman: It was after that you must have come by here then, was it?
Man: Yes, I come [8] by here after that, see, after I packed up.
Barman: You didn't stop here though, did you?

Der Kellner betreibt ein sanftes *egging on:* zuerst das *eh?* (Z. 24) und jetzt die beiden *question tags* „*was it?*" (Z. 26) und „*did you?*" (Z. 28). Der Alte spürt es; sofort ist er auf der Hut. Er stellt sich quer und fragt zurück:

Man: When? (Z. 29)
Barman: I mean you didn't stop here and have a cup of tea then, did you?
Man: What, about ten?
Barman: Yes.
Man: No... (Z. 33)

Verhielt der Kellner sich zu Anfang (bis zu Zeile 11) ausweichend und defensiv, so gewinnt er in den Zeilen 13 bis 33 immer deutlicher die Vorhand: hier steuert er das Gespräch. Von Zeile 29 an aber wendet sich das Blatt wieder; der Alte wehrt sich dagegen, ausgefragt zu werden. Er könnte die Unterhaltung abbrechen, aber er tut es nicht. Er tut etwas anderes:

Man: ... I went up to Victoria [9]. (Z. 33)

Wir sehen, er führt einen neuen Gegenstand ins Gespräch ein. Der Kellner ignoriert zunächst das neuerliche Gambit (Z. 34), aber beharrlich schiebt der Zeitungsverkäufer seine Eröffnungsfigur nach vorn:

Man: I had to go up to Victoria. *(Pause)*

Darauf der Kellner:

Barman: Yes, trade was very brisk here about then.

---

8 *I come by here* = *uneducated speech for: I came by here;* vgl. auch Zeile 3: *you was* statt *you were.*

9 *Victoria* = *(the area near) Victoria Station, London.*

Die Wiederaufnahme[10] des sprachlichen Klischees aus Zeile 10 deutet darauf hin, daß der Kellner das Interesse an der Unterhaltung zu verlieren scheint. Als der alte Mann den Namen George nennt, fragt er noch „Who? George who?" (Z. 38 und 40). Der Alte erinnert sich aber nicht an den Nachnamen, und diesmal – anders als bei den Namen der Zeitungen zuvor (Z. 20) – kommt der Kellner ihm nicht zu Hilfe. Statt dessen tut er jetzt etwas Überraschendes: er überspringt einfach die Klärung der Frage, um welche Person es sich handelt. Mit anderen Worten: der Kellner überrennt kurzerhand seinen Gesprächspartner. Sehen wir uns das an:

Man: George ... whatsisname.
Barman: Oh. *(Pause)* Did you get hold of him?
Man: No. No, I couldn't get hold of him. I couldn't locate him.
Barman: He's not about much now, is he? *(Pause)*
Man: When did you last see him then?
Barman: Oh, I haven't seen him for years.

Mit ein paar vagen Bemerkungen gelingt es dem Kellner wieder, sich einen Vorsprung zu sichern. Der Alte schöpft Verdacht *(When did you last see him?)*, doch er wird abgeschüttelt *(Oh, I haven't seen him for years.)*. Der Zeitungsverkäufer muß das gelten lassen, geht es ihm doch genauso mit George (Z. 47).

Der Kellner nützt nun seinen Vorsprung und macht sich daran, den Alten mit ein paar raschen Zügen aus der Unterhaltung hinauszumanövrieren. Die Identität von George ist völlig ungeklärt; trotzdem behauptet er von ihm:

Barman: Used to suffer very bad[11] from arthritis.
Man: Arthritis?
Barman: Yes.
Man: He never suffered from arthritis.
Barman: Suffered very bad. *(Pause)*
Man: Not when I knew him. *(Pause)*

Nun der entscheidende Sprung:

Barman: I think he must have left the area. *(Pause)*

Erledigt, weggefegt wie eine Fliege, George ist nicht mehr, einfach so, weg. Absichtliche Grausamkeit oder Gleichgültigkeit? Vielleicht beides. Die Pause nach dieser Bemerkung des Kellners ist sehr lang. Schlimmer noch als

---

10 Man beachte, daß auch diese Wiederholung nicht wörtlich ist. In Zeile 10 hieß das letzte Wort *ten,* jetzt heißt es *then!*
11 *bad* = *uneducated speech for: badly.*

der Verlust Georges ist dieses leichtfertige Ansinnen eines solchen Verlustes
– eine herzlose Überrumpelung. Hat das Sprechen, sein Weitersprechen
noch einen Sinn? Mühsam, viel mühsamer als zu Anfang findet der alte
Mann die Worte, tastet er jetzt den Weg zurück:

Man: Yes, it was the "Evening News" was the last to go tonight.

Und als es so aussieht, als akzeptiere der andere sein Einlenken *(Barman:
Not always the last though, is it, though?)*, da glaubt er noch eine Chance
zu haben:

Man: No. Oh no. I mean sometimes it's the "News". Other times it's one of
the others. No way of telling beforehand. Until you've got your last
one left, of course. Then you can tell which one it's going to be.

Es ist die längste Äußerung des Alten im ganzen Sketch; seine Worte überstürzen sich geradezu. Er hat alles auf diese Karte gesetzt, er will zeigen,
daß er bereit ist nachzugeben, doch der Kellner quittiert nur lakonisch:

Barman: Yes. *(Pause)*

Die Pause, die er folgen läßt und in die der Zeitungsverkäufer nicht einzubrechen wagt, signalisiert das Ende des Gesprächs. Die letzten Worte sind
eine Wiederholung der Bemerkung des Kellners über das Verbleiben
Georges; der alte Mann sagt sie so, als seien sie ihm diktiert worden: wörtlich, ohne Veränderung – ein Nachsprechen der Niederlage:

Man: ... I think he must have left the area.

Verschiedene Kritiker fanden in Pinters Stücken „*a sense of terror and a
threat of violence.*" [12] Pinter selbst nahm dazu in einem Interview Stellung:
„*The violence is really only an expression of the question of dominance
and subservience, which is possibly a repeated theme in my plays...I
wouldn't call this violence so much as a battle for positions, it's a very
common, everyday thing.*" [13]

Eine sprachliche Untersuchung des Pinterschen Dialogs erhellt in hohem
Maße dieses Grundthema – *a battle for positions.* Daß die Sketche keine
Sonderstellung in seinem Werk einnehmen, sagt uns Pinter selbst: „*As far
as I am concerned there is no real difference between my sketches and my
plays.*" [14] Von dreien der Sketche, von „*Last to Go*", „*The Black and*

---

12 *Marowitz, C./S. Trussler,* eds.: Theatre at Work. London: Methuen 1967.
S. 105.
13 *Marowitz, C./S. Trussler,* eds.: a.a.O., S. 105 und 106.
14 Zit. nach *Taylor, J. R.:* a.a.O., S. 296.

White" und *„Request Stop"*[15], meint J. R. Taylor sogar: *„...they show to perfection Pinter's way with dialogue."*[16] Zur Vorbereitung auf ein Stück wie den *„Caretaker"*, das nun auch in einer Schulausgabe vorliegt[17], könnte die genaue sprachliche Arbeit am Text eines dieser Sketche für Schüler wie Lehrer aufschlußreich sein. Die kleine Form des Sketches erlaubt es, über gestaltendes Lesen den Zugang zu einem Werk zu suchen. Dieser Weg gibt außerdem unseren Schülern die Möglichkeit zur Selbstdarstellung – wir sollten diesen Gesichtspunkt nicht vergessen.

„What is important now", schreibt Susan Sontag in ihrem Aufsatz über das Interpretieren, *„is to recover our senses. We must learn to see more, to hear more, to feel more."*[18] Geben wir unseren Schülern, geben wir uns selbst diese Chance.

---

15 Vgl. S. 174. Fußn. 2.
16 Taylor, J. R.: a.a.O., S. 295.
17 Vgl. S. 174. Fußn. 1.
18 Sontag, S.: a.a.O., S. 23.

K. Wächtler
Das Studium der englischen Sprache
Klettbuch 92852

Als Wegweiser zum modernen linguistischen Studium wendet sich dieses Werk sowohl an die Studierenden der Anglistik als auch an alle Englischlehrer, die sich sprachwissenschaftlich weiterbilden wollen.

F. Leisinger
Elemente des neusprachlichen Unterrichts
Klettbuch 92534

Nur durch funktionell richtiges Zusammenwirken aller methodischen Maßnahmen kann der Fremdsprachenunterricht auf allen Stufen gemeistert werden. Leisingers Werk, eine großangelegte Synthese der neueren Ergebnisse von Linguistik und Methodik, gibt dazu die wissenschaftliche und methodische Grundlegung.

H. L. Kufner
Kontrastive Phonologie Deutsch-Englisch
Klettbuch 92518

Die Ausspracheschwierigkeiten Deutscher beim Erlernen des Englischen werden durch systematische Darstellung der linguistischen Hintergründe erfaßt. Das Werk ist Hilfe für jeden, der Interferenzprobleme bewältigen und die Erkenntnisse kontrastiver Phonologie pädagogisch anwenden möchte.

H. S. Ankerstein (Hrsg.)
Das visuelle Element im Fremdsprachenunterricht
Klettbuch 92018

Eine Sammlung von Vorträgen, die im Rahmen einer Fachtagung, veranstaltet vom Landesinstitut für schulpädagogische Bildung in Düsseldorf und vom Pädagogischen Intitut der Stadt Köln, gehalten wurden. Die Beiträge behandeln Probleme, die sich bei der Nutzung von Visualisationen im Unterricht ergeben, etwa bei der Verwendung des Tageslichtprojektors, bei der visuellen Steuerung von Sprachleistungen, der Koordination und Supervision von multimedialen Projekten oder beim Einsatz des Films im fremdsprachlichen Unterricht. Das Buch vermittelt gesicherte Erfahrungen, die für die künftige Entwicklung bedeutsam sein werden.

weiterbilden

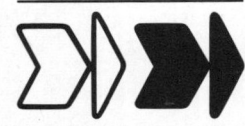

mit Klett